クラスを最高の雰囲気にする！

学年別

学級開き&学級じまい アクティビティ 50

1年間の学期初め・学期末や入学式・卒業式当日にも使える！

赤坂真二 編著
AKASAKA SHINJI

明治図書

はじめに

　学級開きの大切さは多くの方々が認識されていることでしょう。第一印象が，その後の相手との関係性に大きく影響を与えることは経験的にご存知なのではないでしょうか。しかも，この第一印象は，極めて短い時間に決められてしまうことも多くの方が知っておられることでしょう。しかし，第一印象が大事と言いながらも，それだけですべてが決められることはないことも事実です。最初，怖そうな人だなあと思った人の，ふとした折に見せる優しさが却ってその人のよさを際立たせることになることがあります。だから最初は少しくらい印象が悪い方がいいと言う人もいます。

　しかし，それを言っていいのは本当に優しい人だけです。最初のネガティブな印象を覆すためには，真の人間性から溢れるような善良さが必要です。それに，そうしたエピソードが生まれるためには，それを受け取る側の感受性のようなものも問われます。そのエピソードを成立させているのは，その優しさを認める理解力です。たとえ怖そうな人が，ふとした折に優しさを見せても，それをわかる人がいないと，やはりその人は怖い人のままです。私たちが相手にしているのは，そうした複雑性を理解する力をこれから身に付けようとする子どもたちです。新しい環境との出会いに少々の期待と大きな不安を抱いた子どもたちならば，やはり，それなりに配慮が必要というものです。学級開きは，子どもたちが教師やクラスメートに出会う第1日目です。2日目からの時間は，この第1日目の印象の上につくられていきます。学級生活を安定させることができる先生方は，こうした認識をもって少し丁寧に初日の準備をしていることでしょう。

　また，先生方からよく質問を受けるのは，学級開きとともに，学期や学年をどう締めくくればいいかということです。学級開きについて準備しようとしたときに，情報源となる書籍は多くあります。しかし，学級の締めくくりに関する情報が少ないのも実情ではないでしょうか。締めくくり方は，子どもたちの学校生活にとても重要な視点です。どう締めくくるかで，子どもたちの次年度や次の学校段階との向き合い方が変わってくる場合があるからです。次の出会いを心が開かれた状態で迎えるか閉じられた状態で迎えるかは，締めくくりのあり方が影響していると考えられます。本書は，学級や学期開きと学級や学期の締めくくりの内容を，1冊にまとめ，しかもそれを学年別に示した画期的な内容となりました。年間を通じて，皆様の学級経営のサポートをしてくれることでしょう。

　序章は，学級，学期開き並びに学級，学期じまいの考え方と留意事項を示しました。せっかくの活動もコツや配慮事項を外すと効果半減どころか逆効果です。勘所を押さえて実践していただきたいと思います。第1章からは，学年別の具体的実践です。イラスト付きで手順がわかりやすく示されています。子どもたちとの素敵な出会いの演出にご活用ください。

2018年1月

赤坂真二

本書の使い方

1 対象学年(時期)・時間・準備物
実施するのに望ましい学年や時期，実施するための目安となる時間や準備する物を示しています。

2 ねらい
ねらいとする雰囲気です。アクティビティは，ねらいを達成する通り道です。同じような活動でも違ったねらいで実施することで違ったものになります。

3 アクティビティの概要
活動の大体の様子を示しました。実施する前に活動の全体像とそれによって生み出される雰囲気を想像してみてください。

4 進め方
掲載例はサンプルです。学級の実態に合わせて，アレンジして活動してください（いくつかのアクティビティにはアレンジ例が示してあります）。重要な箇所には指導のポイントを示しています。

5 雰囲気づくりのポイント
ねらいとする雰囲気をつくるためには，実施中の教師の働きかけ方が重要な鍵を握ります。個々に示す教室掲示や語りの工夫などのポイントを外さないように活動してみてください。

6 エピソード
それぞれの活動をした際，どのような子どもの反応があったかなどを紹介しています。実際に活動する前に目を通しておき，活動の様子をイメージしてください。

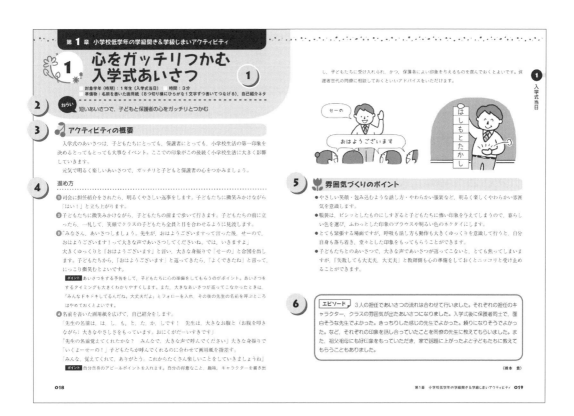

目次

はじめに……………………………………………………………………………… 002
本書の使い方………………………………………………………………………… 003

序章 クラスを最高の雰囲気にする学級開き＆学級じまいとは

1. 安定するクラスと不安定なクラスの違い…………………………… 007
2. クラスはルールでできている………………………………………… 009
3. ルールを守ることに影響するもの…………………………………… 011
4. 初日の鉄則……………………………………………………………… 013
5. 〆の日の鉄則…………………………………………………………… 015

第1章 小学校低学年の学級開き＆学級じまいアクティビティ

1. 入学式当日・心をガッチリつかむ入学式あいさつ………………… 018
2. 入学式当日・教室はワクワクするところだ！……………………… 020
3. 学級開き・サークル握手……………………………………………… 022
4. 学級開き・拍手でひとつに…………………………………………… 024
5. 1学期じまい・思い出テスト………………………………………… 026
6. 1学期じまい・言葉の宝箱…………………………………………… 028
7. 2学期開き・校長先生ものまね大会………………………………… 030
8. 2学期開き・次の名は。―next name.―…………………………… 032
9. 2学期じまい・自分の言ってもらいたいことを言ってもらうワーク … 034
10. 2学期じまい・演劇ワークショップ………………………………… 036
11. 3学期開き・お年玉付き年賀はがき………………………………… 038
12. 3学期開き・干支じゃんけん………………………………………… 040
13. 学級じまい・〇年生に行こうよゲーム……………………………… 042
14. 学級じまい・届け！未来の〇年生に贈り物………………………… 044

第2章 小学校中学年の学級開き&学級じまいアクティビティ

- ⑮ 学級開き・先生が言いましたゲーム …………………………… 046
- ⑯ 学級開き・ミッション・イン・パズル …………………………… 048
- ⑰ 1学期じまい・背中に「ありがとう」…………………………… 050
- ⑱ 1学期じまい・がんばったメッセージ&学級一体感UP作戦 ……… 052
- ⑲ 2学期開き・ピンポン式サイコロdeスピーチ ………………… 054
- ⑳ 2学期開き・校内ライブツアー「〇年〇組　再結成！」………… 056
- ㉑ 2学期じまい・ザ・ベストテン「今年の思い出ランキング」……… 058
- ㉒ 2学期じまい・つなげてつなげて成長リボン …………………… 060
- ㉓ 3学期開き・動物語チェ〜ンジ ………………………………… 062
- ㉔ 3学期開き・メッセージをみんなで！ …………………………… 064
- ㉕ 学級じまい・動物語バイリンガル〜 …………………………… 066
- ㉖ 学級じまい・次への一歩を踏み出そう！ ……………………… 068

第3章 小学校高学年の学級開き&学級じまいアクティビティ

- ㉗ 学級開き・みんなにサインをもらっちゃおうゲーム！ ………… 070
- ㉘ 学級開き・名前の大冒険 ………………………………………… 072
- ㉙ 1学期じまい・子どもたちが企画・実行！「1学期がんばったね会」… 074
- ㉚ 1学期じまい・ひみつの友達，だ〜れかな？ ………………… 076
- ㉛ 2学期開き・知らないことは，たずねちゃえクイズ（自由研究編）…… 078
- ㉜ 2学期開き・つなげてキーワード（学級目標編）………………… 080
- ㉝ 2学期じまい・学級の成長ものさし …………………………… 082
- ㉞ 2学期じまい・ナイスカード …………………………………… 084
- ㉟ 3学期開き・開運おみくじ ……………………………………… 086
- ㊱ 3学期開き・学級開きは始業式から始まっている ……………… 088
- ㊲ 学級じまい・桜の花，次年度への架け橋 ……………………… 090
- ㊳ 学級じまい・千里の道も一歩から ……………………………… 092
- ㊴ 卒業式当日・夢コラージュ ……………………………………… 094
- ㊵ 卒業式当日・キャラメルが溶けるまで ………………………… 096

第4章 中学校の学級開き&学級じまいアクティビティ

- ㊶ **入学式当日**・みんなで「はいっ！」……………………………… **098**
- ㊷ **入学式当日**・ビンゴクイズ de 担任紹介 ……………………… **100**
- ㊸ **学級開き**・分担あみだくじ ……………………………………… **102**
- ㊹ **1学期じまい**・「生徒ファースト」の個人面談 ……………… **104**
- ㊺ **2学期開き**・2学期大予想 ……………………………………… **106**
- ㊻ **2学期じまい**・トランプゲーム de 全員参加 ………………… **108**
- ㊼ **3学期開き**・新年の抱負回し読み ……………………………… **110**
- ㊽ **学級じまい**・4月○日の君へ …………………………………… **112**
- ㊾ **卒業式当日**・みんなに一言！ …………………………………… **114**
- ㊿ **卒業式当日**・親の義務教育終了日 ……………………………… **116**

おわりに－学級経営の標準装備を－……………………………………… **118**
執筆者一覧……………………………………………………………………… **119**

[序章] クラスを最高の雰囲気にする学級開き&学級じまいとは

1 安定するクラスと不安定なクラスの違い

 クラスは,「楽園」から「戦場」へ

　学校はかつて「楽園」と呼ばれた時代がありました。それがいつの間にか「不安定な湿地」,そして,気づいたら「戦場」だと例えられるようになりました。先日,ある大学生から,中学生の頃に受けたいじめの体験を聴きました。それは耳を覆いたくなるような凄まじい時間の記憶でした。それは今もなお,彼の人生に暗い影を落としています。次に示すのは,彼の話ではありませんが,ある中学生の身に実際に起こった話です。仮にA君としましょう。

　A君の学校では,恒例の合唱コンクールが実施されました。A君のクラスは,見事に金賞を取りました。つまり,優勝をしました。生徒たちは,有志で集まり,近所のカラオケボックスを借りて,優勝パーティーを開きました。そこにはA君が普段仲良くしているグループも参加しました。しかし,A君にはパーティーのことは知らされませんでした。A君の親しい仲間には,SNSのグループが作成されていました。2つです。1つは,全員が登録してあります。しかし,もう1つは,A君以外のメンバーでつくられていました。つまり,A君は仲間はずれにされていたわけです。パーティー当日,A君以外の仲間は,おいしいものを食べたり,記念写真を撮ったりして盛り上がりました。そして,あろうことか仲間は,A君以外で楽しげにポーズを決めた写真を,A君の登録されているSNSのグループに「あえて」流しました。自宅でのんびりと音楽を聴いていたA君ですが,それを見て,驚きと悲しみで震えました。

　A君の不安と悲しみを思うととても切ない気持ちになるのは私だけでしょうか。「中学生ならそれくらいするよ」と思いますか。また,「中学生って酷いことするなあ」と思いますか。彼らは,いつくらいからこうしたことを始めたのでしょうか。彼らがどこで,そのような非人間的な行為を学んだのかはわかりませんが,彼らのこうした行動の傾向は,

> 今,そこで始まったわけではない

はずです。

　1980年代の中学校は,校内暴力という現象で,大きく荒れました。学校内で破壊行為や暴力行為が横行し,警察や機動隊が介入するような場合もありました。指導にあたる教師たちは,「命の危険」を感じたと言います。当時の中学に勤めた教師たちの中には,「あの頃の勤務校は,殺人以外なんでもあった」と過去をふり返る方もいます。今は,全国どこの地域に行っても生

徒指導困難校と言えどもそんな状況の学校は見たりません。じゃあ，学校は安全になったのでしょうか。

　校内暴力が沈静化して以降，報道される子どもたちに起こる悲しい出来事は，今なお続いています。報道規制を受けて，地域外の人が全く知らないというような事態も起こっているようです。子どもたちは，確かに大人に向かって激しい攻撃をすることは少なくなったようです。しかし，今度は，その攻撃性を仲間に向けている現実があります。A君がその後どうなったかわかりません。しかし，何が起こっても不思議ではない状況だったことは明らかです。今もなお，学校では「命のやりとり」が行われている実態があります。

　しかし，その一方で，「楽園」のような教室が全国に多数あることも事実です。子どもたちが，学ぶ意欲にあふれ，仲間同士で実に楽しそうに触れ合っています。子どもたちが，幸せそうに過ごしている学校の教師たちは，一体何をしているのでしょうか。

安定しているクラスのタイプ

　安定しているクラスには，大きく分けて２つのタイプがあります。

指導重視タイプ

　こちらのタイプは，導入期の早い段階で，教師と子どもたちの間に，「縦の関係」をつくります。教師の指導性を基盤にして必要なルールをつくり，それを定着させます。つまり，教師が子どもたちに自分がリーダーであることをまず認めさせ，クラスの骨組みを先につくってしまいます。やがて，子ども同士の関係性をつくっていきます。

　そして，もう１つは，

児童生徒尊重タイプ

　こちらのタイプは，「クラスにはどんなルールが必要ですか」とか「クラスに必要な係はどんな係ですか」などと，子どもたちの意見を聞きながら，クラスをつくっていきます。クラスの問題やイベント事は，みんなで話し合って決めます。クラスの合意を基盤にしてクラスをまとめていきます。

　まったく異なるように見えるクラスの様相ですが，実は，両方のタイプに共通していることがあります。

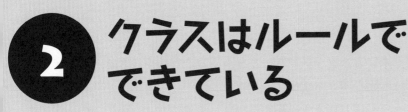

2つのタイプの指導原理

「指導重視タイプ」にも「児童生徒尊重タイプ」にも共通していることは、クラスを

> ルールでつくっている

ということです。「指導重視タイプ」は、わかりやすいと思います。その指導原理をとても大雑把に言うと、「私がリーダーです。私の言うことを先ず、聴いてください、大事なことは、○○と○○と○○です、そのほかにも大事なことが出てきたら、みんなで決めましょう」です。一方で「児童生徒尊重タイプ」は、「ここは、みんなのクラスです、大事なことはみんなで決めましょう、その代わり、みんなで決めたことは必ずみんなで守ってください、私は、このクラスがみんなのクラスになるためのサポーターです」というものです。

指導重視タイプ

児童生徒尊重タイプ

おわかりでしょうか。両者とも、「集団生活の基盤はルールである」という極めてシンプルな原則を、一見異なるアプローチで徹底しているわけです。日本の学校教育の場合は、前者が圧倒的に多いと思います。だから、先生方は指導性をいち早く確立するためにいろいろな工夫をしているのではないでしょうか。時にはビシッと引き締めたり、時には子どもたちを大いに笑わせたり、時には得意技を披露したり、時には楽しくてわかる授業で引きつけたり。いずれ

にせよ，ここの段階をクリアしないと，クラスにルールをつくることはできません。なぜならば，まずは，先生の言葉がルールとなるからです。

　後者はどうでしょう。一見とても優しい先生に見えるかもしれません。しかし，厳しさで言ったら，「指導重視タイプ」よりもかなりのことを要求されるかもしれません。「児童生徒尊重タイプ」は，クラスに二重のルールをつくっているのです。このタイプのクラスでは，子どもたちがルールを決めます。では，教師が子どもたちにルールを示していないかというと，そうではなく，「大事なことは自分たちで決める」とか「みんなで決めたことはみんなで守る」などの子どもたちが決めたルールを支配するルールを示しているのです。これを「メタ・ルール」と言います。

　個人的な実感ですが，「児童生徒尊重タイプ」は余程の力量がないと今は難しいと思います。子ども集団の凝集力，つまり，まとまる力が弱くなっているからです。だから，逆に言えば，子ども集団の凝集力がある場合は，通常の力量の教師でも「児童生徒尊重タイプ」は実践できると思います。かつては，中学校の教師はほとんど，「児童生徒尊重タイプ」だったと思います。小学校でも，特別活動や学級経営を一生懸命やっている教師は，このタイプを志向していたと思います。しかし，近年，子どもたちのまとまる力が弱まっていることもあり，中学校でも，この「指導重視タイプ」をやらなくてはいけなくなっているようです。中学校の教師から話を聴くと，指導性の確率のところで困難を抱えているようです。

それぞれのリスク

　どちらにも一定のリスクがあります。

　「指導尊重タイプ」は，子どもたちが教師の言うことを聴くようになると，楽になるので，ずっとそれでやってしまいたくなります。つまり，教師主導で学級経営を続けてしまうわけです。しかし，「指導尊重タイプ」の導入期は，教師とそれぞれの子どもたちのつながりだけで，クラスができています。これは集団の構造上とても脆い構造だと言えます。教師と子どもたちの関係が良好な場合は安定していますが，それが一度崩れると，途端にクラスが荒れます。最初は，順調だったにもかかわらず，2学期くらいから荒れてくるクラスはこのタイプです。教師の指導が強引だと解釈されてしまうわけです。

　一方「児童生徒尊重タイプ」は，教師がメタ・ルールをしっかりと守らないと，やはり荒れてしまいます。「みんなで決めたことはみんなで守ろう」というルールがある以上は，それをしっかり守らせなくてはなりません。みんなで決めたルールを破った子，守らなかった子を見逃すようなことが度々あると，そこからクラスは一気に綻びてきます。ルールを守らなかったことへの指摘だけでなく，守ったことへの賞賛や注目をすることも忘れてはなりません。こちらのタイプは，ルールがなし崩し的に，壊されてしまう危険性といつも隣り合わせです。

ルールを守ることに影響するもの

 クラスを安定させる要

　学級集団づくりにおいて，ルールの定着が重要であることを認識している教師は少なくないだろうと思います。しかし，ルールを定着させるにはどうしたらいいだろうかと悩んでいる教師は多いのではないでしょうか。

　そこで，注目したい研究があります。

　中井大介・庄司一子（2008）は，中学生の教師に対する信頼感と学校適応感のかかわりについて調べました[*1]。それによると，「規則への態度」に影響を及ぼしているのは，教師への信頼感であるということです[*2]。教師への信頼感は，それだけではなく，「教師との関係」はもちろん「学習意欲」，「進路意識」，「特別活動への態度」など生徒の学校生活の様々な部分に影響を及ぼしていました[*3]。

　また，三島美砂・宇野宏幸（2004）は，小学校高学年を対象に，学級雰囲気に及ぼす教師の影響力を調べました[*4]。これによると，子どもたちが教師を，「親しみがある」，「受容的である」，「客観的である」，「自信がある」と認知していることが，学級の「認め合い」「規律」「意欲」「楽しい」などの雰囲気を促進し，「反抗」の雰囲気を抑止するということがわかりました[*5]。

　大西彩子・黒川雅幸・吉田俊和（2009）は，児童・生徒の教師認知がいじめの加害傾向に及ぼす影響を調べました[*6]。これによると，教師認知は，いじめへに対する集団規範やいじめに対する罪悪感を予期することに影響していました[*7]。つまり，教師のことをどう思っているかによって，いじめに対する態度が異なるということです。そして，三島・宇野が挙げた，「親しみ」があり，「受容的」，「客観的」で「自信がある」という教師認知は，いじめをしてはいけないという集団規範や意識を促すということがわかりました。

 子どもたちにどんな教師だと思われているか

　これらの研究からわかることは，クラスの雰囲気は，子どもたちが教師をどう思っているかに影響されていて，子どもたちが，教師を「親しみ」があり「受容的」で「客観的」で「自信がある」と思っているときに，決まりを守るなどの学級経営にとって望ましい雰囲気がつくられるということです。みなさんは，子どもたちからどんな教師だと思われているでしょうか。少し想像してみてください。三島・宇野が挙げる教師のもつ傾向は，所謂，信頼される教師の特徴と捉えていいのでしょう。つまり，

> 信頼される教師が，クラスのルールの定着を可能にする

ということです。

　さらに，中井・庄司の研究によれば，教師への信頼感が，子どもたちの学校適応に影響を与えていて，その学校適応感に，学年を超えて一貫して影響を与えていたのが，信頼感を構成する複数の要因の中で，教師への安心感だったということです[*8]。ここまでの話をまとめると次のようになります。クラスを安定させるためには，ルールを定着させられるかどうかということが大事です。そのルールを守ることなど，学級経営上，子どもたちの好ましい行動を促すものが，教師への信頼ということになります。そして，その信頼感の中核となるのが安心感ということになります。

　学級を安定させるには，

> 安心の雰囲気をいかにつくるかということが重要なポイント

なのです。学級がうまくいくかいかないかは，いかに速やかにクラスを安心感で満たすかにかかっていると言っても過言ではありません。

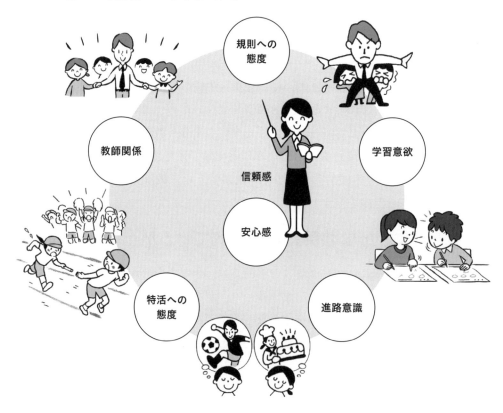

❹ 初日の鉄則

🌱 やるべきこととやってはいけないこと

　教師への信頼感は，クラスの安定のバロメーターです。クラスのゆらぎは，教師への信頼感のゆらぎであり，子どもたちの安心がゆらいでいるのです。これを知っていれば，学級開き，つまり，子どもたちとの第1日目にするべきことが見えてきます。

　学級開きに趣向を凝らす教師は多いです。その一方で，特別なことはしないという教師もいます。私は，どちらでもいいと思います。それぞれの教師の得意なアプローチでやったらいいと思います。しかし，忘れてはならないことが，1つあります。それは，

> 安心感を与えること

です。面白いことを話しても，得意なことを披露しても，楽しいゲームをしても結構です。何をしてもいいです。ただし，優先順位を忘れてはなりません。それが，安心感を与えることなのです。したがって，やってはいけないことがあります。それもたった1つです。それは，

> 不安感を与えること

です。初日の計画はここがすべてです。

　では，安心感を与えるためにはどうしたらいいのでしょうか。

　そもそも安心感とは，どういうときに感じるのでしょうか。私たちは，欲求が満たされないときに不安になります。眠い，お腹が空いたなどのときは，不安定になります。また，意地悪をされる，傷付けられる，居場所がない，認めてもらえないなど，私たちはこうした欠乏状態に置かれると不安になります。

　したがって安心感をもたせるには，欲求を満たすことです。では，子どもたちを満たすにはどうしたらよいでしょうか。先ほど挙げたことの逆をすればいいわけです。傷付けられないようにします。また，子どもたちの座席，靴箱，名札，配付物などしっかりと全員分を用意し，一人一人の居場所を確保した上で，呼名をするときは，「大好きだよ」というメッセージが伝わるようにします。また，一人一人個別にほめることは難しいかも知れませんが，全員の目を見て何かよいところを見つけてほめるようにします。ゲームや教師のパフォーマンスは，そうした欲求を満たすための通り道に過ぎないことを自覚しましょう。

ゲームやパフォーマンスは通り道

　ゲームやパフォーマンスをすると,「この先生,面白い」と思うことでしょう。しかし,大事なことは,この人と「もっと話したい」「一緒に居たら楽しいかも」と思わせることです。むしろ,ゲームやパフォーマンスの後が大事なのです。

　例えば,下図のようなゲームをします。うまくいくと,クラスに笑いが起こります。そして,なんとなく楽しい雰囲気ができます。しかし,そこで終了ではないのです。休憩時間になると,子どもたちが話しにきます。そこが大事なのです。この人と,もっとつながりたいと思ったら子どもたちはつながりにきます。そこから関係づくりの始まりです。

　しかし,子どもたちがわっとやってきたからといってそこで有頂天になってはいけません。やってきた子どもたちとつながること以上に大事な仕事があります。話しにこない子どもたちを把握することです。友達同士でおしゃべりに夢中になっている子,教師の後ろでふざけ合っている子,机でイラストを描いている子,いろいろなことをしているはずです。話しにこない子の中には,教師との関係づくりに不安を感じている子もいることでしょう。

　その日は,その子とつながれないかもしれません。しかし,そのことを把握しておけば,次の日に打つ手が構想できるはずです。

【重ね拍手】

　教師の両手が重なったら,子どもたちが拍手をします。教師は,交互に上下に動かします。ときどき,重なる直前に手を止めます。教師の手が重なっていないのに拍手をした子は,アウトとなります。子どもたちは,うまくいったり,ひっかかったりを繰り返しているうちに,笑い声を上げ始めます。最後は三三七拍子に合わせて手を重ねます。子どもたちがリズムに乗ってきたところで,最後の七拍子の七拍目で手を合わせる直前に止めます。大きな笑いが起こるでしょう。

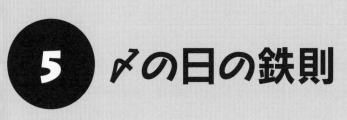

5 〆の日の鉄則

成長と貢献を実感させる

　子どもたちが「安心感の貯金」をすればするほど，子どもたちの自由度は増します。逆に言えば，言いたいことが言えない，人と同じことしか言わない，言ったことしかやらない，学習中に手が挙がらないなどの様子が見られたら，それは，安心感が足りないのです。子どもたちが自由に活動するための資金不足となっているかもしれません。学級経営の成功は，安心感の積み重ねにかかっています。

　従って，学期じまい，学級じまいの日の鉄則も，安心感です。しかし，学期じまいの安心感は，学級開きのそれとは質が異なります。学期じまいはその学期の，そして学級じまいは年間の成長や伸びを確認させるような時間にします。マズローの欲求階層説では，欠乏欲求と成長欲求があります。欠乏欲求は，外部から得ることで満たそうとする動機です。生理的欲求，安全欲求，愛と所属の欲求，承認欲求です。前のページで挙げた，傷付けられたくない，認められたいなどの欲求です。一方，成長欲求は，自己の成長や他人に関心をもつという動機です。欠乏欲求が満たされると，成長欲求が表れてきます。よく知られる自己実現の欲求です。初日に満たすのは，欠乏欲求ですが，学期末や学年末は，成長欲求に目を向けさせたいものです。

> 自分がどれくらい成長したか，そして，どれくらい他者に貢献したかふり返らせる

のです。学期じまい，学年じまいで得た充足感は，自信となり，次の学期，次の学年への意欲につながることでしょう。

効果的な実践のために

　さて，最後に，本書で示した実践をより効果的に行うための配慮事項を示しておきます。安心感にかかわることですので，ここを踏み外すと，せっかくのみなさんの努力が台無しになる可能性があります。ここだけでもしっかりお読みください。

❶スタンドプレーに走らない

　本書に示した実践は，うまくいくととても学級が盛り上がります。それはとてもよいことなのですが，同僚や他のクラスの子どもたちへの配慮をお忘れなきようにお願いします。自分たちのクラスの中だけで実践するならば問題ないと思います。しかし，教室を出るような活動の

場合は，必ず，学年，管理職，その場所の管理担当者に事前に知らせ，許可をいただいておきましょう。せっかく子どもたちがよい気分になったとしても，他の職員，他のクラスの子どもたちが不快な思いをするようでは，その実践は成功したとは言えません。同僚や他のクラスに迷惑をかけないというのが大原則です。

❷子どもたちの実態に合った活動を

　最も大事なことは子どもたちの安心感です。選択した実践が，子どもたちの実態に合っているかよく検討して実践してください。特に，子ども同士の交流や身体接触があるような場合は，注意が必要です。それをやっても大丈夫か，誰も傷付くことはないか，判断をお願いします。いきなり子ども同士がかかわる活動が，安心感を奪ってしまう場合もあります。その場合は，子ども同士の交流や身体接触を避け，まずは，教師との交流による活動から入ってみることをお薦めします。

❸子どもたちのもつ多様な背景に配慮を

　活動を選択する場合は，子どもたちが困惑するようなことのないようにしたいものです。不安を排除することはとても大事な戦略です。実践する前に，「この活動をやってみたらどうなるか」「どういうことが起こるだろうか」と少し，シミュレーションをしてみるとよいかと思います。しかし，初めて出会う子どもたちの場合は，予測ができないことが多々あります。最初は，無理をしないで，「もっとも安全な活動」（例えば，「プライベートなことは扱わない」，「家庭環境に踏み込まない」活動など）を選択すべきです。初日における配慮は，「丁寧過ぎるくらい」，「少し臆病なくらい」で丁度よいのです。

【参考文献】
*1　中井大介・庄司一子「中学生の教師に対する信頼感と学校適応感の関連」『発達心理学研究』第19巻第1号　日本発達心理学会　2008年　pp.57-68
*2　前掲　*1
*3　前掲　*1
*4　三島美砂・宇野宏幸「学級雰囲気に及ぼす教師の影響力」『教育心理学研究』第52巻　日本教育心理学会　2004年　pp.414-425
*5　前掲　*4
*6　大西彩子・黒川雅幸・吉田俊和「児童・生徒の教師認知がいじめの加害傾向に及ぼす影響―学級の集団規範およびいじめに対する罪悪感に着目して―」『教育心理学研究』第57巻　日本教育心理学会　2009年　pp.324-335
*7　前掲　*6
*8　前掲　*1

〈赤坂真二〉

第 1 章 小学校低学年の学級開き&学級じまいアクティビティ

心をガッチリつかむ入学式あいさつ

■対象学年（時期）：1年生（入学式当日）　■時間：3分
■準備物：名前を書いた画用紙（8つ切り横にひらがな1文字ずつ書いてつなげる），自己紹介ネタ

 短いあいさつで，子どもと保護者の心をガッチリとつかむ

アクティビティの概要

　入学式のあいさつは，子どもたちにとっても，保護者にとっても，小学校生活の第一印象を決めるとってもとっても大事なイベント。ここでの印象がこの後続く小学校生活に大きく影響していきます。
　元気で明るく楽しいあいさつで，ガッチリと子どもと保護者の心をつかみましょう。

進め方

❶司会に担任紹介をされたら，明るくやさしい返事をします。子どもたちに微笑みかけながら「はい！」と立ち上がります。

❷子どもたちに微笑みかけながら，子どもたちの前まで歩いて行きます。子どもたちの前に立ったら，一礼して，笑顔でクラスの子どもたち全員と目を合わせるように見渡します。

❸「みなさん，あいさつしましょう。先生が，おはようございますって言った後，せーので，おはようございます！って大きな声であいさつしてくださいね。では，いきますよ」
大きくゆっくりと「おはようございます」と言い，大きな身振りで「せーの」と合図を出します。子どもたちから，「おはようございます」と返ってきたら，「よくできたね」と言って，にっこり微笑むとよいです。
　ポイント あいさつをする予告をして，子どもたちに心の準備をしてもらうのがポイント。あいさつをするタイミングも大きくわかりやすくします。また，大きなあいさつが返ってこなかったときは，「みんなドキドキしてるんだね。大丈夫だよ」とフォローを入れ，その後の先生の名前を呼ぶところはやめておくとよいです。

❹名前を書いた画用紙を広げて，自己紹介をします。
「先生の名前は，は，し，も，と，た，か，しです！　先生は，大きなお腹と（お腹を叩きながら）大きなやさしさをもっています。おにくがだーいすきです」
「先生の名前覚えてくれたかな？　みんなで，大きな声で呼んでください」大きな身振りで「いくよーせーの！」子どもたちが呼んでくれるのに合わせて画用紙を指差す。
「みんな，覚えてくれて，ありがとう。これからたくさん楽しいことをしていきましょうね」
　ポイント 自分自身のアピールポイントを入れます。自分の得意なこと，趣味，キャラクターを書き出

し，子どもたちに受け入れられ，かつ，保護者によい印象を与えるものを選んでおくとよいです。保護者世代の同僚に相談しておくといいアドバイスをいただけます。

 雰囲気づくりのポイント

- やさしい笑顔・包み込むような話し方・やわらかい服装など，明るく楽しくやわらかい雰囲気を意識します。
- 服装は，ビシッとしたものにしすぎると子どもたちに怖い印象を与えてしまうので，春らしい色を選び，ふわっとした印象のブラウスや明るい色のネクタイにします。
- とても緊張する場面ですが，呼吸も話し方も動作も大きくゆっくりを意識して行うと，自分自身も落ち着き，堂々とした印象をもってもらうことができます。
- 子どもたちとのあいさつで，大きな声であいさつが返ってこないと，とても焦ってしまいますが，「失敗しても大丈夫，大丈夫」と教師側も心の準備をしておくとニッコリと受け止めることができます。

エピソード　3人の担任であいさつの流れは合わせて行いました。それぞれの担任のキャラクター，クラスの雰囲気が出たあいさつになりました。入学式後に保護者同士で，面白そうな先生でよかった。きっちりした感じの先生でよかった。頼りになりそうでよかった。など，それぞれの印象を話し合っていたことを同僚の先生に教えてもらいました。また，祖父祖母にも好印象をもっていただき，家で話題に上がったよと子どもたちに教えてもらうこともありました。

〈橋本　貴〉

教室はワクワクするところだ！

- 対象学年（時期）：１年生（入学式当日）　　■時間：15～25分
- 準備物：説明するための掲示物，画用紙の花（人数分），のり，模造紙１・２枚（花を貼れる大きさ）

 子どもたちにも保護者にも小学校生活にワクワクした気持ちをもってもらう

アクティビティの概要

　先生について，写真や掲示物を使って紹介していきます。楽しくわかりやすく紹介していくことで，子どもたちにも保護者にもワクワクした気持ちをもってもらいます。絵を作るアクティビティで教室は自分たちの安心できる居場所であることを感じてもらいます。

進め方

❶「先生の名前は，覚えてくれていますか？」口々に答える子どもたちに「おお，覚えてくれているんだ！　ありがとう」と答えながら，黒板に名前を書き，顔写真を貼ります。「はしもとたかし先生だったね」「それじゃあ，みんなで声を合わせて先生の名前を呼んでください。せーの」「ありがとう。みんなに元気よく読んでもらえると嬉しいよ」

❷「はしもと先生は，絵本が大好きです」と言いながら，棚などにディスプレイしてカーテンで隠しておいた絵本を見せます。「はしもと先生が大好きな絵本を１冊，読んであげるね」と言って，３～５分で読める簡単な絵本（『だるまさんが』（ブロンズ新社），『うしはどこでも「モ～！」』（鈴木出版），『いちにちおもちゃ』（ＰＨＰ研究所）など）を１冊読んであげます。読み終わった本は，黒板に立てかけておきます。

　「他にはしもと先生は，美味しいものを食べるのが好きです」と言いながら，食べ物の写真を黒板に貼ります。「これから，みんなの好きな食べ物も教えてね」

ポイント　ここでの自己紹介は，子どもたちが親近感をもち，安心できるものでかつ，保護者にいい先生でよかったと感じてもらえるものを選びたいです。自分の得意なことをすればよいですが，何も思い浮かばない方は，絵本の紹介がオススメです。絵本の表紙が見えるようにディスプレイしておくと，それだけで，教室の雰囲気は楽しくなります。また，好きな食べ物のように，後日，子どもたちと会話しやすい内容を盛り込むとよいです。

❸「最後に，みんなの力を合わせて，絵を作りたいと思います」花の見本を見せながら「名前を呼ばれたら，机の上に乗っているお花を持って，前まで貼りにきてくださいね」１人ずつ名前を呼び，花にのりをつけてあげて，模造紙に貼ってもらう。

[アレンジ]

　花，飛行機，気球など，クラスのイメージに合ったものを作るとよいです。クラスごとにテ

ーマを分けてもよいです。後日，顔写真を掲示物の上に貼ったり，ひらがなを習った後に自分の名前を書き加えたりすることで，子どもたちと一緒に成長していく掲示物になります。また，時間のかかるアクティビティですので，時間に制約がある場合は，みんなで工作だけ別日にやるのもオススメです。

 雰囲気づくりのポイント

- テンポよく笑顔で進めていきます。
- 子どもたちが大きな声を出せるように，教師が元気よく話して雰囲気をつくります。
  一度，大きな声が出ると，教室の雰囲気が華やぎ，子どもたちも笑顔になります。
- 大きな声が出ない場合も，そのままテンポよく進めていきます。無理に出させたり，残念だなあと言ったりする等して，マイナスの雰囲気を出さない方がよいです。
- 子どもたちに名前を覚えてもらうために，自分のことを「先生」だけでなく「はしもと先生」と名前つきで呼ぶとよいです。

> **エピソード** 絵本を隠していたカーテンを開けた瞬間に，子どもたちからだけでなく，保護者の方からも「おおー！」という感嘆の声が上がりました。そして，対話型読み聞かせで読んであげると，子どもたちの目はキラキラしていました。反応がとてもよかったので，1年を通して，教室に絵本コーナーを作り，表紙が見えるようにディスプレイしておくことで，子どもたちは自然に本を手にとるようになりました。1年の終わりには，「本好きな先生のおかげで，子どもが本好きになりました」と保護者に言ってもらえました。
> 　掲示物が成長していく様子を学級通信で紹介していくのも好評でした。

〈橋本　貴〉

3 サークル握手

■対象学年（時期）：1・2年生（学級開き）　■時間：10分　■準備物：CDラジカセ

ねらい 友達と触れ合い，名前を呼び合い，安心感のある雰囲気をつくり出す

アクティビティの概要

　クラス全員とのかかわり合いをつくり，触れ合うアクティビティです。低学年の子どもたちは，新しい学級が始まり，「このクラスでうまくやっていけるかな」と不安を感じていることが多いものです。友達と握手して名前を呼び合うことにより，「この学級で1年間楽しくやっていけそうだ」と感じさせられるようにします。円になってする活動なので，始まったばかりの学級全員に一体感が生まれます。

進め方

❶机と椅子を後ろに下げ，全員で円になって座ります。

❷教師が立ちあがり，次のように指示します。
　「今から名前を呼び合って握手するゲームをしますよ」

❸1人の子どもを指名し，見本をやってみせます。
　「それでは，見本を見せますね。先生が『三好です』と自己紹介をします。そうすると，相手の人も自己紹介をします」
　「田中です」
　「今度は，名前を入れ替えて呼びます。田中です」
　「三好です」
　「最後にあいさつをしておしまい。よろしくお願いします。ここまでできたら，次の人へ移動します。全員とあいさつしていきます。みんなの名前を覚えましょうね」

❹立ちあがり，アクティビティを開始します。
　「それでは，全員起立。（教師の横の子を指名して）○○さんが，隣の子と始めます」
　ポイント 教師は輪の中に入らず，うまく活動が進むようにサポートします。言葉を発することができない子がいた場合，はじめは代わりに教師が言ってあげるようにするといいでしょう。

❺子どもたちは，円になり，順番に名前を呼び合い，握手をします。
　「南です」「阪口です」
　「阪口です」「南です」
　「よろしくお願いします」

❻全員が呼び終えたところで終了します。

「無事あいさつし終わることができましたね。友達の名前は覚えられたかな？　今日は，たくさん名前を呼ばれたね。自分の名前を呼ばれると，どんな気持ちになったかな？」

「楽しい気持ちになりました」

「名前を呼ばれるって，気持ちがいいですよね。いろいろな場面で友達の名前をどんどん呼ぶようにしましょう」

[アレンジ]

　2学期や3学期の学級開きでは，ニックネームで行うようにしてもよいでしょう。「自分のニックネームを決めます。1学期のときにやった遊びを，今度はニックネームでやってみましょう」ニックネームを決められない子には，教師から助言を与えるようにします。様々なニックネームが出てきて，子どもたちは大盛り上がり。

雰囲気づくりのポイント

- 学級の人数が多い場合は，机の置かれていない別教室などへ移動して行うようにするとスムーズ。体育館などでもよいでしょう。ただし，屋外は広すぎて一体感が生まれないため，適していません。
- 楽しい音楽を流しておくと，いっそう盛り上がります。たくさんの声が行き交うアクティビティなので，歌詞のないBGMを選ぶようにしましょう。

> **エピソード**　春の家庭訪問では，保護者の方が笑顔で話してくれました。「始業式が終わってから，子どもが笑顔で帰ってきたんです。『新しい学級は，とっても楽しい。みんなといっぱい遊んでいるよ。今日は，みんなといっぱい握手したんだ』って。すごく喜んでいました」
>
> 　低学年の子どもは，友達とかかわるのが大好き。触れ合い，お互いを呼び合い認め合うことで，安心感のある学級の雰囲気をつくり出せるようにしましょう。

〈三好真史〉

第1章　小学校低学年の学級開き＆学級じまいアクティビティ　**023**

4 拍手でひとつに

■対象学年（時期）：全学年（学級開き）　■時間：5分〜　■準備物：なし

ねらい 楽しみながら，息を揃えることの気持ちよさに気づかせる

アクティビティの概要

　小学校に入学したばかりの子どもたちに，拍手を使ってみんなで揃える気持ちよさを感じてもらうアクティビティです。回数を変えたり，身体の色々な部分で音を出したり，ペアを組んだりして拍手していきます。低学年の子どもたちにとって，①身体を動かせて②勝ち負けのない③単純なルールのアクティビティは，心地よさを覚えられるものです。「みんなで揃えると気持ちいいな」という感覚は，あいさつや返事といったしつけ，音読や体育大会のダンスといった学習にもつながっていきます。

進め方

❶子どもたちと一緒に拍手をします。

「みなさん，拍手って知っていますか。今日は拍手を使ったゲームをします。みんなで拍手！」

❷見本を見せます。

「今から先生が見本を見せるね。拍手を3回」（パンパンパン）

「みんなもできるかな。拍手を3回」（パンパンパン）

❸回数を増やします。

「みんな揃ったね。もっと難しいのもできるかな」

❹身体の違う部分で音を出します。

「これはできるかな。（太ももをたたいて）拍手を3回」（パンパンパン）

「（胸の前で手をクロスして両肩をたたいて）拍手を3回」（パンパンパン）

「（お尻をたたいて）拍手を3回」（パンパンパン）

❺ペアで行います。子どもを1人前に出して，見本を見せます。

「1人でする拍手はバッチリだね。次はお隣さんと拍手をしてみるよ。（ハイタッチのポーズをして）こんな風にやるよ。拍手を3回」（両手を合わせてパンパンパン）

「2人で揃うかな。やってみよう」

❻ハイタッチ→1人で拍手→ハイタッチで行います。

「2人の息が揃ったね。これはどうかな。拍手を3回」（ハイタッチ→拍手→ハイタッチ）

❼ふり返りをします。
「最後にみんなで揃えるよ。拍手を３回」(パンパンパン)
「みんなで揃うと気持ちいいよね。仲良く楽しいクラスにしていこうね」
[アレンジ]
　ペアで行う拍手は，３人４人と人数を増やして楽しむこともできます。人数が増えるほど難易度が上がります。

 雰囲気づくりのポイント

　低学年の学級開きにおいては，子どもたちに活動させながらその都度説明していくことが大切になってきます。説明が続くと集中力が持続しないため，モデルを示しながら子どもたちにイメージをもたせ，飽きがこないようにスモールステップで変化をつけて活動に慣れさせていきます。
　また，全員がうまくできていなくても，「おしいね！」「よくなったね！」といった言葉がけで子どもたちをうまく乗せていける教師の姿勢も雰囲気づくりにつながります。低学年の子どもたちには，教師のオーバーなリアクションも大切な励ましになります。

　エピソード　入学後の緊張感が残る教室で，拍手を通じてみんなが笑顔になることができました。身体の色々な部分で音を出す際には，「えーお尻！？」と言いながらもノリノリで楽しむ子どもたち。終わってからも「またみんなで拍手やりたい」と言いに来てくれました。
　その後も折に触れてこのアクティビティを行っています。話を聞いてほしいときなどに「拍手を３回」と唐突に指示を出すと，楽しみながら聞く姿勢に切り替わる子どもたちの姿が見られました。
　日直の号令で起立して挨拶をしたり，みんなで声を揃えて返事をしたりするときにも，「拍手のときみたいにみんなで揃えてやろうね」と声がけをしています。

〈江口浩平〉

思い出テスト

- 対象学年（時期）：1・2年生（1学期じまい）
- 時間：10分
- 準備物：Ａ４用紙（白紙），ホワイトボード

ねらい 1学期の思い出をテストにしながらふり返る

アクティビティの概要

　1学期を通じて，子どもたちは様々な経験をしてきました。しかし，低学年の子どもたちは，少し前の行事のことは忘れがち。テスト問題にすることで，一つ一つの思い出をふり返ります。「う～ん，なんだっけ？」「あっ，そんなこともあったね！」などと，楽しいふり返りの時間をつくりましょう。起こった出来事や感じたことなども思い出しながら，学級みんなで1学期をふり返る機会とします。

進め方

❶ 4人1組の班の形になって座ります。遊び方について説明を行います。
「今日は，テストをします。ただのテストではありません。思い出テストです。しかも，その問題を作るのはみなさんです」

❷ 班と課題の月を設定します。
「今から，問題を考えてもらいます。ひと月ごとの思い出で問題を出してください。例えば…4月だとすれば，『遠足で行ったところは何という名前の公園でしょうか？』みなさん，わかりますか？　そうＡ公園ですね。このように，問題を作って，みんなで考えます。それでは，1班と2班は4月，3班と4班は5月，5班と6班は6月，7班と8班は7月の思い出で問題を作ります」

❸ 白紙のＡ４用紙を配付し，問題づくりを開始します。
「それでは，班ごとに問題を作りましょう。できた問題は，先ほど配った紙に書きましょう」

❹ 問題を1班ずつ発表します。
「それでは，1班から問題を発表してもらいます」
「5月の運動会で，優勝したのは赤組でしょうか，白組でしょうか」

❺ 答えをホワイトボードに書き込みます。
「班ごとにホワイトボードを1枚配っています。そこに，今の問題の答えを書き込みましょう」

❻ 号令をかけ，ホワイトボードの答えを表示します。
「みなさん書けましたね。では，それぞれの班の答えを出してもらいましょう。さんはい！」

❼ 正解を発表します。正解した班のポイントを黒板に記録します。
「答えを発表してもらいます。1班，どうぞ！」
「答えは，白組です」
「正解できた班は，手を挙げましょう。正解した班は，1ポイント！　それでは，次は2班が問題を出します」

❽ すべての班が終了したら，正解ポイントの最も高い班を表彰します。
「それでは，思い出テストはここまで。正解ポイントが一番多い班は…3班！　拍手をしましょう！」

❾ 思い出をふり返り，まとめます。
「こうしてふり返ると，1学期の間だけで色々な思い出ができましたね。遠足，体育大会，水泳…

どれも大切な思い出です。2学期も，楽しい思い出をたくさんつくりましょうね」

[アレンジ]
「国語」「算数」など，1学期にした学習から出題するのもよいでしょう。「物語文の主人公の名前は？」など，思い出すのが難しい問題が作れると盛り上がります。

🌷 雰囲気づくりのポイント

- 問題を作ることができない班には，その月にあった行事や学習を伝えていきます。教師は，積極的に机間巡視し，アドバイスを送るようにします。
- 「〇年〇組1学期思い出マスター」など，簡単な賞状を作り優勝した班に渡すといっそう盛り上がります。

> **エピソード**　「ああ，そうだ！　体育大会のダンスのことにしようよ」「ダンス，おぼえるのが難しかったよね」など，問題づくりをきっかけにして，思い出を語り合う姿が見られました。教師も「そうそう，あのときは本当に大変だったよね…」などと，話を付け加えていくようにしました。「色々あったけど，楽しい1学期だったな。2学期も楽しみ！」そんな気持ちがもてるように，明るく楽しく活動を進めましょう。

〈三好真史〉

言葉の宝箱

■ 対象学年（時期）：全学年（1学期じまい）　■ 時間：10分〜
■ 準備物：50音のひらがなカード（1セット）

 班で協力して言葉を見つけることで，言葉に親しませる

アクティビティの概要

　1年生の1学期で学習を終える，ひらがなを使ったアクティビティです。50音のひらがなカードを学級の班で等分して配付し，その組み合わせで言葉を作ります。8班であれば6枚ずつのカードを持つことになります。語彙が増えるのはもちろんのこと，友達と協力して新しい言葉を見つける楽しさを味わうことができます。集めた言葉は連絡帳に書いたり，暑中見舞いに書かせたりするなどして活用させることも考えられます。

進め方

❶ イントロダクションをします。
「もうすぐ一学期も終わりですね。一学期はひらがなを勉強しましたね。今日は班で協力して，言葉をたくさん見つけます」

❷ ゲームの説明をします。実際に黒板にカードを貼って，例を示します。
「班ごとにひらがなのカードを配ります。カードを並べて言葉を作ります。（黒板に何枚か貼って）例えば，このカードの中から言葉が作れますか。そうです。『い』と『ぬ』でいぬになりますね。『い』『る』『か』も作れます。言葉を見つけたら，忘れないように紙に書きましょう」

❸ 班ごとにカードと答えを書く紙を配り，次のように指示を出します。
「制限時間は3分です。1人1枚はカードを持って，協力して1つでも多くの言葉を見つけましょう」

❹ 3分経ったら，班で相談して2枚交換するカードを決めます。班同士でカードを交換させて，新たにできた言葉を紙に書かせます。
「ここでカード交換タイムです。隣の班と交換したいカードを2枚決めます。交換したら，新しく言葉ができるか考えて，紙に書きたしましょう」

❺ ゲームを終えたら，いくつ見つけたかを問い，一番多かった班に発表してもらいます。
「みなさん，いくつ見つけましたか。手を挙げましょう。1，2，3，4…。（見つけた数のところで挙手させます）一番多かった〇班の人，どんな言葉が見つかったか発表してください」

ポイント 1年生で行う場合，どんな言葉が出てきても認めるようにしたほうがいいでしょう。クラス

の友達の名前や，キャラクターなどもいいことにします。箇条書きを教えておくと，いくつ見つけたか後でふり返りやすくなります。

❻アクティビティのふり返りをします。

「たくさん言葉を見つけられましたね。2学期もみんなで勉強して，言葉をたくさん増やしていきましょう」

[アレンジ]

手持ちのカードによってできる言葉が左右されてしまうアクティビティですので，2つの班を合同にしてカードの枚数を増やしたり，教師もカードを持っておいて教師とも交換できるようにしたりすると，できる言葉が増えて盛り上がります。

🌷 雰囲気づくりのポイント

学期中から，言葉に対するアンテナを張り巡らせることが大切です。ひらがなやカタカナを学習した際に語彙を増やしたり，連絡帳に新しく学習した言葉を書きためていったりすることで，意識をもたせることができます。保護者の方々にも学級通信などを通じて発信していくことも考えられます。また，言葉を増やすことがすべての学習につながっているということも，子どもたちには伝えておきます。「どういう意味だろう？」「これはなんて言うんだろう？」といった疑問意識をもつ子どもたちの姿勢をほめて，認めていきます。

> [エピソード] カードを配ると，1人1枚カードを持ち，頭を寄せ合いながらどんな言葉になるか考える姿が印象的でした。「逆から読んだら違う言葉になるよ」「適当に並べていたら，言葉になっていたよ」など，楽しみながら参加している姿も。勉強が苦手な子どもでも，進んで取り組めていたように思います。

〈江口浩平〉

校長先生ものまね大会

■ 対象学年（時期）：1・2年生（2学期開き）　■ 時間：20分
■ 準備物：校長講話，タブレット端末，録音機（必要であれば）

ねらい　校長先生のものまねを通して，校長講話をふり返り，話す・聞く力を育てる

アクティビティの概要

　始業式後の初めの学活，皆さんは何をされますか。宿題回収，配り物などに追われ，せわしなく時間を使っているのが現実ではないでしょうか。
　このアクティビティは，校長先生のお話をものまねしながらふり返り，ペアや全体で盛り上がることで，あたたかい雰囲気で学級を開くというものです。

進め方

❶ 始業式前「今日は帰ってきたら校長先生のまねをしてもらいます。よーく聞いておきましょうね」

❷ 始業式後「しっかり校長先生のお話が聞けましたか？」

❸「では，お隣同士で校長先生のまねをしてもらいます。まずは，どんな話をしていたか思い出しましょう」

❹ ペアで話を思い出させます。

　ポイント　机間巡視しながら，思い出せないペアにはヒントを出してあげましょう。

　※校長先生への敬意が失われないように交流できているか，見回ってあげてください。

❺「では次はお話の順番です。どんな順番だったかな。思い出してみましょう」

❻ ペアで思い出させます。※上のポイントと同じ

❼「それではいよいよしぐさです。校長先生の手や足，体の動きを覚えていますか？」

　ポイント　ビデオ撮影などしていなければ，無理に行わなくてよいでしょう。

❽ ペアで思い出させます。

❾「それでは隣の人とものまねしてみましょう。まずは右側の人からやってみましょう」

　※交代し交互に行わせます。

❿「どうかな，できたかな？　自信のあるペアには，みんなの前でやってもらいましょう。前に出てやってくれるペアはありますか」

　ポイント　もし手が挙がらなかったら，まずは，教師がお手本を見せるのもよいでしょう。すると，いくつかのペアが手を挙げてくれたりします。また，できそうなペアをいくつか指名するのもよいでしょう。

⓫「どのペアもすごく上手でしたね。ではどんなことをお話されたか、答え合わせをしましょう。どのペアのものまねが一番上手だったかな」
⓬答え合わせをします。

ポイント 録音した講話を流します。可能であれば、iPadなどで動画を撮っておいて、テレビで流せると大盛り上がりです。もし撮影等が不可能であれば、教師が答えを言うだけでも十分です。

⓭「みんなちゃんとお話が聞けていたんだね。2学期もみんなでがんばっていこうね」

🌷 雰囲気づくりのポイント

- まずは始業式前に、「帰ってきたら、校長先生ものまね大会やるよー。今日のチャンピオンは誰かなあ」などと言い、始業式とその後の学活へのワクワク感を演出することが大切です。
- ①内容②順番③しぐさという順序で進みますが、一気に進めてもよいですし、一つ一つ確認しながら進めることも子どもにとっては優しいと思います。
- お手本として、教師がノリノリでものまねをやることが最も大切です。私もよくお手本を示すのですが、教師の姿を見て教室は一気にあたたかくなり、恥ずかしそうにしている子も少しずつできるようになります。

エピソード 夏休みが終わり、9月の始業式の後は、緊張していた状態から解放されます。持ち上がりのクラスだったので、子ども同士も打ち解けており、みんなふわふわした状態がよく見られました。そこを、教師が一喝し引き締めるよりも、その勢いのままに子ども同士でしゃべらせるほうが、その後の活動もスムーズに進んでいきました。このアクティビティを行うことで、かかわり合う雰囲気の醸成と話す・聞く力の向上という一石二鳥の効果がありました。さらに、校長講話を取り上げていると子どもに聞いた校長先生が、「ありがとう」とおっしゃってくださいました。こちらもとても嬉しい気持ちになりました。

〈松岡諭史〉

8 次の名は。
―next name.―

■対象学年（時期）：全学年（2学期開き） ■時間：10分 ■準備物：ストップウォッチ

ねらい 学級全員で1つの課題に取り組ませ，チームの力や一体感を感じさせる

🍒 アクティビティの概要

　2学期の学級開きにおいて，アイスブレイクを兼ねながらも，チームビルディングを行えるという，一石二鳥のアクティビティです。

　手拍子のリズムに合わせて，クラスメイトの名前を呼んでいきます。名前を呼ばれた人は座っていき，スタートから全員座るところまでを時間に計るという，簡単なゲームです。全員の名前が呼ばれ，手拍子の軽快なリズムで心が躍り，クラスで1つの目標を達成できます。お手軽にできることもおすすめのメニューです。

進め方

❶「さあ2学期が始まりますね。2学期もみんなでがんばっていきたいと思います。そこでこのクラスの協力する姿を見せてもらおうと思います」

❷「今からやるゲームは，『次の名は』です」

❸「それではやり方を説明します。まず全員が立ちます。そして，先生が『お手をはいしゃく』と言ったら，拍手をする準備をしてください」

❹「次に『よーお』と言ったら手を2回たたきます。『パンパン』」

❺「その後，先生が誰かの名前を呼びます。すると，またみんなで2回手をたたいて，名前を呼ばれた人は次の人の名前を言いましょう」

❻「次の人の名前を言った人は，呼んだ後座ります。このような感じで，パンパンしながら全員の名前を呼んでいくというゲームです」

❼「それでは1回やってみましょう。みなさん立ちましょう。お手をはいしゃく。よーお」
　（全）パンパン→（教師）「りのさん」→（全）パンパン→（りの）「ゆうだいさん」→（全）パンパン→（ゆうだい）「ゆづきさん」…（かいと※最後の人）「松岡先生！」（教師）よっしゃー！

❽記録発表「ただ今の記録，61秒でした〜」タイムを板書します。
　ポイント ここで1回目のタイムを黒板に板書します。そして，2回目以降のタイムをその下へ下へと書いていくことで，クラスの成長過程が見える化します。

❾「やり方はわかったかな。では，今度は60秒より速くできるかな？　そのために，作戦会議

をしよう。どうしたらもっと速くできると思う？」

ポイント この作戦会議が重要です。課題解決のために，子どもはいろいろな作戦を考えます。教師は話し合いを促進するようなヒントや声がけをしたいです。

❿「では2回目。60秒より速くできるかな。立ちましょう。お手をはいしゃく，よーお」
（全）パンパン→（教師）「しゅうさん」→（全）パンパン…

⓫以上のように作戦会議・ゲームを繰り返します。

🌷 雰囲気づくりのポイント

- 座った子が手拍子を忘れてしまうことが多いので，しっかり手拍子するように伝えましょう。そして，ゴールのときには拍手や教師の楽しい声などで盛り上げましょう。
- タイムはどんどん縮んでいきます。その結果をしっかりと取り上げ，みんなで協力することのよさを伝えていきましょう。
- うまく声を出せない子どももいるかと思います。そんなときは指差しオッケーにしてあげてください。指差しでならつなげることができました。また，失敗した子どもにも，笑顔でクラスのみんなで「前の子の名前呼ぼう」などとアドバイスをしてあげられると，さらにクラスの雰囲気があたたかくなります。

エピソード 2学期初めは，久しぶりの学校です。子どもたちは緊張しています。そんなときに，自分の名前がクラスのみんなから呼んでもらえることは，子どもにとってすごく嬉しいようです。作戦会議のときには，「健康観察の順番に言おう」と，おいおいそっちのほうが難しいんじゃないと思うこともありましたが，こっちは我慢。子どもは「もっと大きい声で言おう」とか，「隣の人を呼ぼう」といったように，より速くなる作戦を考え出します。その過程を見られること，チームで課題達成し喜ぶ姿が見られることは教師として，この上ない喜びだと思います。そして，学級開き後もこのゲームはずっとやり続けられます。時間を見つけてクラスの最高記録をどんどん更新していってください。

〈松岡諭史〉

9 自分の言ってもらいたいことを言ってもらうワーク

■対象学年（時期）：全学年（２学期じまい）　■時間：10〜25分　■準備物：タイマー

ねらい お互いにほめ合うことで自己受容感・学級への所属感を高める

アクティビティの概要

　クラス会議（クラスや自分の悩みをみんなで解決する時間，詳しくは参考文献を参照ください）の最初に行い，いい雰囲気をつくります。「ハッピー・サンキュー・ナイス」（いい気分・感謝・ほめ言葉）の代わりに行うこともできます。誰にでも人から言って欲しい言葉ほめて欲しいポイントがあると思います。そこをオープンにして，目の前の人に言ってもらうというワークです。２学期の学級じまいに向けて行うことで，少しマンネリしてきたクラス会議に変化をもたらし，子ども同士の関係をさらに近づけることができます。また，２学期に行った行事（運動会・学芸会）に限定してほめてもらうのも，学期の最後をいい気分で締めくくることができ３学期へのつながりとなることでしょう。

進め方

❶「自分の言ってほしいことを言ってもらいます」
❷「やり方はとても簡単で，自分が言ってもらいたいなーと思っていることを，あえてみんなに伝えます。そしてそれを大きな声で言ってもらいます」
❸「今から見本を見せます。A君手伝ってもらえますか？」　A「はい」
❹「では，運動会がんばって走ったねって言ってください」
❺A「運動会がんばって走ったね」
❻「ありがとう。たったこれだけです」「簡単でしょ？？」
❼「では１分後に始めます。その間に言ってもらいたいことを考えてください」

[アレンジ]
　高学年の場合は，音楽の時間の中だけ，見た目に限定，性格だけなど，言ってもらいたいことを限定していくといろいろな種類の言って欲しいことが出て盛り上がります。

雰囲気づくりのポイント

- いきなりみんなの前でやると恥ずかしい子もいるので，まずはペアでやり，次に班ごとでやってから最後にクラス全体でやるといいでしょう。
- となりに座っている子に言ってもらう，向かい側に座っている子に言ってもらうなど，言っ

てもらう人を変えていくと声の大きさが変わります。
- 他には「宿題ちゃんとやってきなさい！」「朝早く起きなさい！」って言ってなどという注意系もあります。こちらは言って欲しいことがこういうことであるのであえて何も言いません。教師はニコニコ聞いているとよいでしょう。
- あの子は実はあんなことに気をつけてがんばっているんだと担任も気づかされることもよくあります。自己開示できているよさをたくさん見つけ，後でこっそりメモをしてここぞ！というときに一言ほめましょう。必ずその子との関係が改善します。
- 友達同士でも知らないこともたくさんあります。このワークが話のきっかけとなったり，男女の仲がよくなったりすることがあります。

> **エピソード** やってみるとよくわかるのですが，ほめられたいポイントを発表するというのは相当恥ずかしい思いをします。みんなやるとはいえ，あからさまに「ここほめて！」と言うのですからこれは照れます。そのことを教師が知っておく必要があります。なので，ぜひ職員室の中で，先生たちでやってみるとよいでしょう。勇気を出して伝えるということが体感できます。そうすることでうまく言えない子に対しても「なんで言えないんだ」ではなく，「そうそうその気持ちよくわかるよ」というスタンスで接することができます。
>
> いつもはみんな前では話さない話題が出てきます。うちのクラスでは「将棋強いねって言って」とか「新体操がんばったねって言って」とか，あまりみんなにオープンにしていない趣味や習い事の話などが出ました。そんなときには後で教師から話を聞いてみます。新しいつながりが生まれるチャンスです。
>
> 「ママがおばあちゃん家にずっと行っていて寂しいけどがんばっているねって言って」などこちらがドキッとするような個人的な話が出た場合にも，クラスにそういう話ができる安心感が生まれたんだなと嬉しく思いました。

【参考文献】
赤坂真二著『クラス会議入門』明治図書　2015年

〈深見太一〉

10 演劇ワークショップ

- 対象学年（時期）：全学年（2学期じまい）
- 時間：10〜25分
- 準備物：タイマー，教室にあるものは何を使ってもよいことにする

ねらい 即興で演劇を行うことで自己表現をする楽しさを味わう

アクティビティの概要

　出されたお題に対し，班ごとにプチ演劇を考えます。配役・セリフ・状況設定などすべて自分たちで考えます。最後には全員の前で発表会をして，一番お題に合っていた班をみんなで決めます。人前で演技をすることは少しハードルが高い子もいるでしょう。みんなで考えた設定とセリフでミニ劇を行います。もちろん劇を発表することも大切ですが，そこにたどり着くまでの班の中でのやりとり自体も大きな意味をもちます。自分の意見が採用された嬉しさ，友達と折り合いをつけていくこと，そんなことも学べます。発表することで，人前で演じるということに自信をもつ子も生まれ，繰り返し何度やってもレベルが上がっていき，クラスの雰囲気を温めます。2学期の終わりに行うことで，秋に行われることの多い学芸会で身に付けた表現力をさらに高めることもできるでしょう。

進め方

❶「班対抗合戦最後のお題は『みんなで演じよう』です」
❷「これは，班ごとで1つの劇を作ってもらいます」
❸「お題は『世界一おいしいおにぎり』です」
　「劇の中のセリフや役，場面などはすべてみんなに自由に考えてもらいます」
　「できる限りおもしろい劇を考えた班がポイントをゲットできます」
❹「いすや机など教室の中にあるものは自由に使っていいです」
❺「必ず1人1回はセリフがあるように劇を作ってください」
❻「ここまでで，なにか質問はありますか？」
❼「劇を作る時間は10分間。それぞれの班の発表時間は2分です」
　（1年生の場合，時間があまりわかっていない子もいるので電子黒板のデジタルタイマーなどで大きく表示をして説明をします。劇を考える時間は学年に応じて設定してください）

[アレンジ]
・おもしろかったで賞　・名演技で賞　・泣けるで賞　・盛り上げたで賞
　など，いろいろな子が報われるシステムをつくるとよりやりがいが生まれます。

雰囲気づくりのポイント

- いきなり劇をやろう！と提案してもなかなか受け入れられません。なので，いくつか班対抗のミニゲームを行い，その延長として導入するといいでしょう。

- 1回目はあまり意味がわからない子がいるときもあります。いきなり本番にしてしまうと，失敗したときに雰囲気が壊れてしまうこともあるので，最初は練習だから失敗しても大丈夫であることを強調しましょう。

- 順番は面白い子，ノリのよい子がいるチームを最初にもってくると盛り上がります。どんなことをすればよいのか，他の班を見て学ぶ気持ちをもたせたいです。

- 一度ではなかなか効果は出てきません。表現するって楽しいな。いろいろな方法の表現があるんだなと自然と感じられるようになるように，楽しみながら進めていけるとよいです。

- 中には極端に恥ずかしがる子もいます。そんなときにもまずは一緒に立っているだけでもよしとして，徐々にセリフを言えるように教師が配慮していくことも大切です。

- 教師はとにかくいいところを見つけます。練習のときから積極的に参加している子や以前はセリフが言えなかった子が一言でも言えるようになったなど，子どもたちが考えている間は自由に動けるのでほめポイントをたくさん見つけるチャンスです。みんなの前で大げさにほめるもよし，恥ずかしがりの子の場合は，帰り際に一言「今日の劇よかったよ」と言うだけで，笑顔になって帰ることができます。

エピソード いつも元気のいい明るい子が活躍するのはもちろんのこと，逆におとなしい子が名脚本家になる場合もありました。そんなときはいつも以上にクラスは盛り上がります。

「世界一おいしい料理」というお題のときには，無人島でお腹を空かせてウロウロしているときに，いきなり焼肉が目の前に現れるという劇を演じた班がありました。普通に考えると，そんなことはありえないのですが，それがまた爆笑のポイントで「なんでいきなり焼肉出てくんのー！！」「いやいや無人島でしょ！！」っていうツッコミが子どもから出てきて大盛り上がりでした。慣れてきたら子どもからお題を募集したり，「こんなすごい桃太郎がいました」など昔話をアレンジしたりしても上手に考えることができます。昔話のように配役がある程度決まっているほうが，演じやすい場合もあります。

楽しい雰囲気が出てくれば，すぐに「またやりたい！」と子どもたちから声が上がります。子どもたちが楽しんで取り組んでいる瞬間を見逃さず，少しのすきま時間でやることで格段に表現力がついてきます。

〈深見太一〉

お年玉付き年賀はがき

■対象学年（時期）：1・2年生（3学期開き）　■時間：10分　■準備物：年賀状，抽選くじ

 正月感を感じ，楽しく年始を迎えられるような雰囲気をつくる

アクティビティの概要

　子どもたちに年賀状を送る先生方は，多いと思います。しかし，ただ送って終わりという方は多いのではないでしょうか。せっかく送るならば，その年賀状を使って楽しく新年を迎えたい！という思いから生まれたのがこのアクティビティです。

　年賀状の右下についている番号を使って，3学期初めにお年玉抽選会を行います。抽選に当たった子には，お年玉と題して豪華賞品をプレゼント。新年早々，ハラハラドキドキが止まらないアクティビティです。冬休み明け，子どもたちの笑顔をたくさんあふれさせましょう。

進め方

【2学期終わり】

❶2学期の終業式の日，「3学期の始業式に先生から送られてきた年賀状を持ってくること」と伝えます。ただし，喪中の子や年賀状を受け取れない子には配慮が必要です。その子たちのために，教師がはがきを数枚余分に準備しておき，始業式に渡します。

❷年賀はがきを買います。その際，クラスの人数分を連番で買って，子どもたちに送る年賀状が続きの番号になるようにします。そして，何番から何番までを買ったか，番号を控えておきます。

【3学期初め】

❸「新年あけましておめでとうございます！　先生からの年賀状は届きましたか？　今日はその年賀状を使って，抽選会を開きます。抽選に当たった子は，先生からお年玉をプレゼントします。楽しみにしていてくださいね」

　ポイント 年賀状を忘れてくる子がいるかもしれません。そんなときのために，教師側が事前に番号を控えて，「誰が何番か」を把握しておくといいでしょう。

❹「それでは，お年玉抽選会を始めます。今から先生がくじを引いていくので，当たった人は大きな声で『当たった！』と教えてくださいね」

❺「まずは下1けたからです。下1けたというのは，一の位の数字のことです。それではいきます！」と言って，くじを引く。

❻「下1けたは『3』です。一の位の数字が3だった人は，前に出てきましょう。見事，大当

たりです。拍手を送りましょう」

❼（当たった子を前に出させた状態で）「それではインタビューをしてみます。今のお気持ちはいかがですか？　この気持ちを誰に伝えたいですか？」など，1人ずつインタビューをする。

❽「それでは，豪華賞品のプレゼントです。下1けたが当たった子たちには，『おかわり優先券』をプレゼントします」

> **ポイント**　○○券は事前に，名刺サイズのフィルムに紙を挟んで，ラミネートしておくといいでしょう。仕上がりがきれいで，もらった子どもたちも喜びます。

❾同様に，下2けた下3けたで抽選を行っていく。

[アレンジ]

当選の数字は「下○けた」にしなくてもいいです。全6けたの数字をそのままくじとして活用しても構いません。

雰囲気づくりのポイント

- 抽選はワクワク感が命です。くじ引きの仕方にこだわるとより盛り上がります。ボックスにボールを入れて引いたり，ダーツを投げてみたり，子どもたちが見ていて楽しめるような演出を考えるとよいいでしょう。
- お年玉の「○○券」は様々な種類を用意しておくと喜びます。おかわり優先券以外にも，以下のような券を用意しました。

（例）学級通信に顔写真必ず載る券・席替え優先券・会社活動お試し券・お土産優先券・掃除場所決定券・挙手指名独占券・成田からマッサージ券・みんなからほめ言葉券　など

> **エピソード**　この実践は毎年行っていますが，とにかく盛り上がります。特に抽選に当たった子たちは，大喜びです。ただ，抽選に当たらないと，少し寂しそうな顔をする子がいるのも事実です。2年生で行ったときは，抽選に当たらなかった1人の女の子が涙を流してしまいました。「そんな寂しい顔は見たくない！」と思った私は，急遽当たりくじを増やし，お年玉を増量。全員が何かの券をもらえるようにしました。すると，教室内はより盛り上がり，新年早々お祭り騒ぎになりました。お年玉は全員分あっても，いいかもしれませんね。

〈成田翔哉〉

12 干支じゃんけん

■対象学年(時期):1・2年生(3学期開き)　■時間:10分　■準備物:なし

ねらい　十二支を覚えて,友達と楽しくかかわり合える雰囲気をつくる

🎵 アクティビティの概要

「子・丑・寅・卯・辰…」と十二支を言える子どもたちは多くはないはずです。しっかりと覚えて言える子が,クラスに数人いる程度。ましてや,低学年であればその数はもっと少なくなるはずです。日本人であれば,ぜひ小さいうちから十二支を言えるようにしたいものです。

このゲームは,干支の動物のまねをすることで,楽しみながら十二支を覚えるゲームです。それぞれの動物の鳴き声や動作をみんなで考え,じゃんけんポンの「ポン」の部分を変えます。教室内にたくさんの動物があふれ,新年早々教室に活気があふれます。また,3学期初めに行うことで,新しい年の干支も覚えられる一石二鳥のゲームです。

進め方

❶「みんなは干支って知っているかな? 干支には順番があって,全部で12種類の動物がいます。その12種類の干支のことを,十二支と言います。では,今から十二支を先生に続けて言ってみましょう」

❷(板書した十二支を指差しながら)「子」「子」「丑」「丑」「寅」「寅」…

❸「では問題です! 2018年の干支は何でしょうか?」

❹「そうです,2018年は戌年です。今日はこの十二支を使ったゲームを行いましょう」

❺「普通のじゃんけんは『じゃんけんポン』ですが,この『ポン』の部分を十二支の動物の鳴き声に変えてみましょう。例えば,うさぎだったら『じゃんけんピョン』です」

❻「では,先生がお手本を見せます。うさぎの『ピョン』であれば,両手を広げて頭の上に置き,うさぎの耳を表現します。これが『じゃんけんピョン』です」

❼「他の動物のまねも一緒に考えてみましょう」(1つずつ十二支の鳴き声と動作を考える)

ポイント 十二支の鳴き声と動作化を1つずつ考えていきますが,時間がなかったり,子どもが思いつかなさそうだったりしたら,教師が教えてもよいです。

❽「このゲームは3分間立ち歩いて,たくさんの人と干支じゃんけんを行います。じゃんけんで勝敗をつけるのではなく,じゃんけんで同じ干支をより多く揃えられた人が勝ちです。じゃんけん〇〇の部分が一緒の動物になるようにがんばりましょう」

❾「ただし,十二支全部使うと難しいので,今日は丑(じゃんけんモ〜)と卯(じゃんけんピ

ョン）と戌（じゃんけんワン）の３つでいきましょう。では，よーいスタート！」

ポイント 最初は十二支の中から３つぐらい選ぶとやりやすいです。慣れてきたり，レベルアップさせたりしたい場合は，少しずつ数を増やしていきましょう。十二支すべて使って行うと，教室内が動物園状態になり盛り上がります。また，その子どもたちの様子を眺めていると，教師自身も笑顔になれます。

雰囲気づくりのポイント

- 「十二支を覚えること」よりも，「十二支に出てくる動物をまねすること」に意識をおきましょう。鳴き声や動作化をすることで，楽しみながら自然と十二支を覚えることができます。
- 十二支の鳴き声や動作は，時間があれば子どもたちと一緒に考えるとより盛り上がります。私のクラスでは，以下のような鳴き声になりました。

【十二支の鳴き声例】
子（チュー）・丑（モー）・寅（ガオー）・卯（ピョン）・辰（鳴き声？）・巳（ニョロ）
午（ヒヒーン）・未（メー）・申（ウキッ）・酉（チュン）・戌（ワン）・亥（ドン）
なお，辰だけは架空の動物なので鳴き声が浮かびませんでした。その代わり，動作を行うときに腕を大きく波打たせ，豪快に辰を動作化すると教室が湧きます。

- 動作化をすることが恥ずかしい子も出てくるはずです。そういう子には，「鳴き声だけでもいいからね」と優しく声をかけましょう。

エピソード このゲームを１年生担任時に行いました。そのときは2015年だったので，干支は「未」でした。鳴き声は「メー」とすぐに決まったのですが，動作化がなかなか決まらず悪戦苦闘。

しかし１人の男の子が，両手で指を１本ずつ頭の上に立て，「闘牛」のようなポーズを考え，一気に大盛り上がり。「未」「寅」「丑」の３つを使ってゲームを行いましたが，あまりにも「未」が大人気で「メー」と言いながら教室内には「闘牛」だらけ。「ここはスペインか！」とツッコミたくなるような状態でした。

〈成田翔哉〉

# ○年生に行こうよゲーム

- 対象学年（時期）：1・2年生（学級じまい）
- 時間：5分〜
- 準備物：1年間の写真（あれば）

 ねらい　1年間の思い出をふり返らせ，満足感をもたせて次学年へとつなげる

🍒 アクティビティの概要

　低学年の子どもは，自分の気持ちをみんなに聞いてほしい！と思う子がいっぱいです。しかし，学級全体で一人一人にふり返らせると時間がかかる上，「運動会が楽しかった」など，1年間を通して自己をふり返る内容が薄いものになってしまいます。また，学年末を迎えるにあたり，次学年に不安を感じている子どももいるかもしれません。

　「猛獣狩り」というゲームはご存じでしょうか。リーダーが言った言葉や動作をまねて，猛獣の名前の字数と同じ人数のグループを作るゲームです。このゲームは，猛獣の名前ではなく1年間の行事やがんばったことなどをキーワードにしていきます。友達との話し合いにより，できるようになったことを再認識させ，自信につなげることができます。さらに，楽しかった思い出をふり返らせることで満足感を与え，次学年への期待ももたせることができます。

進め方（2年生時の例）

❶「みなさん，猛獣狩りゲームは知っていますね。今日はちょっと変えて『3年生に行こうよ』ゲームをします！」

❷「先生が言う言葉の数で集まります。例えば，『こくご』と言ったら3人で集まって座りましょう。では，ゲームスタート！」
「3年生に行こうよ！」（3年生に行こうよ！）
「3年生なんて，こわくない！」（3年生なんて，こわくない！）
「かけ算だってできるもん！」（かけ算だってできるもん！）と言って，腕をバツにし，かけ算をイメージするようなポーズをつくります。
「ドッジだって強いもん！」（ドッジだって強いもん！）ボールを投げるポーズをします。
「あ！」（あ！）と言って，指をどこかに指します。
「（あ〜〜〜！！）」
「え・ん・そ・く」

　ポイント　余ってしまった子どもがいたら，どこかのグループに入れてもらうようにします。

❸ 全員が座ったことを確認し，「秋にみんなで遠足に行ったね。今から4人グループで遠足のことをお話しましょう。どんなことがありましたか。何が楽しかったかな。時間は2分です」

❹最初は短いキーワードにし，集まる人数をだんだんと増やしていきます。

[アレンジ]

　下線部，「○○だってできるもん！」のところでは，現在の学年で身に付けた力や取り組んだこと等をイメージし，振り付けさせましょう。例えば1年生なら「漢字だって書けるもん！」，「音読上手にできるもん！」などのように動作を入れると，より楽しくなります。

 雰囲気づくりのポイント

- 思い出のシェアについてはキーワードだけでは難しく，話し合いが進まない場合もあります。グループができた際に，写真をテレビで映したり，紙に印刷して黒板に貼ったりして想起させやすくしましょう。
- 単語だけでなく「運動会で踊った，○○ダンス！」等の文を出すのも面白いです。歌やダンスをキーワードにすると，子どもは自然に歌ったり踊ったりするため場が盛り上がります。
- 最後は「学級全員の人数」に当たる言葉をキーワードにします。文字数が多くなるため，一文字ずつゆっくりと言うことがポイントです。子どもたちは指折りしながら数えていくうちに，学級全員の人数であることに気づき，大盛り上がり。学級人数分＋1のキーワードを示し，先生も一緒に入ることでより一体感も高まります。
- ずっと同じ子と組む子についても，禁止の声がけはせず，「○○さんは進んでたくさんの友達とグループになろうとしているね」などとできている子のよさを全体へ価値づけすることで，次第にグループに広がりをもたせることができます。

エピソード　2年生でやってみたら，「3年生なんて，こわくない！」というセリフに付け足して，「3年生はお兄さん！」「3年生は楽しみだ！」などとセリフを増やして歌う子どももいました。また，「先生，筆算もできるようになったよ！」，「1年生にも優しくできたよ」など，ほかにもできるようになったことを伝えにきてくれる子もいました。

　最後に学級全員で円になったときは「わぁ～」という歓声が起こり，全員で跳び上がってゲームを終えました。私自身にとっても，心が温まるよい学年末を終えることができました。

〈鈴村真梨英〉

14 届け！未来の〇年生に贈り物

- 対象学年（時期）：全学年（学級じまい）
- 時間：10分〜
- 準備物：色画用紙，必要であればカラーマジック

ねらい 自分たちができたことやがんばったことに気づかせることで自尊感情を高める

アクティビティの概要

　年度当初に比べると，子どもは学習面や体力面，精神面でも成長しました。しかし，どのように自分が成長したか実感できている子どもは多くないと思います。「後輩に教えてあげよう」と伝える対象を示すことで，子どもは一生懸命ふり返りをします。楽しかった思い出や，がんばってきたことを共有させたり，次年度の〇年生にも見通しをもたせたりすることのできるアクティビティです。

進め方（1年生時の例）

❶「4月からみんなは何年生ですか？」（2年生！）

❷「では，ここの教室に次は誰がくるのでしょう」（今度の1年生！）

❸「次この教室を使う子たちに，1年生になって楽しかったことや，できたことなどを画用紙に書いて，プレゼントしましょう」

　ポイント イメージしやすくするために，担任が見本に作った完成品を見せるとよいでしょう。

❹「みんなが1年間で楽しかったことやがんばったことはなんですか」

　(例)「学習発表会」「運動会」「アサガオを育てたこと」

❺黒板に子どもが発言した内容を，4月から3月まで時系列で書いていきます。

❻グループに分け，書く内容を分担させます。グループの構成メンバーは4名程度がよいです。1グループにテーマは1つとします。

❼「今からグループに1枚画用紙を渡します。その紙に，がんばったことや楽しかったことなどを書いて，今度の1年生へのプレゼントにしましょう。例えば，学習発表会グループだったら『くじらぐも』の劇をしたよ，セリフを一生懸命考えたよ，などです。今度の1年生が，『4月からの生活が楽しみ！』と思えるようなプレゼントにしましょうね」

❽グループでテーマについて話し合い，書かせます。

　ポイント 文章を書くことが苦手な子どもには，文ではなく絵を描いてもよいことを伝えるとよいです。付箋を1人1枚配り，各々ががんばったことについて書いたものを貼らせてもよいでしょう。

❾全グループが出来上がったものをまとめます。

❿「1年でこんなにたくさんの思い出ができましたね。これを本にして，今度の1年生に渡し

ましょうね」

[アレンジ]

- 【時間短縮編】大きな１枚の折り紙に，来年度の１年生に宛てた手紙をみんなで考えて書きます。それを鶴の形などに担任が折って届けるとより簡単に行うこともできます。
- 高学年であれば，来年度の委員会担当児童への引き継ぎにも使えます。

  ポイント　来年度１年の担任の先生がわかり次第，使っていただけるか確認するとよいでしょう。活動を学年で揃って行うと，次年度１年生の学年開きもしやすくなります。

雰囲気づくりのポイント

- 13番「○年生に行こうよゲーム」を前時に取り組ませることで，１年間の見通しをもって意欲的に活動させることもできます。
- 「次の○年生に伝えよう」，「プレゼントを贈ろう」と相手意識，目的意識を明確にもって活動に取り組ませることで，１学年上のお兄さん，お姉さん感を味わわせることができます。
- 各グループが考えた内容を発表させることで，全体で１年のふり返りも行うことができます。
- 手紙に「こうするといいよ」などといったアドバイスを書かせることで，自分自身へのふり返りも深まります。
- 最後に子どもたち全員が成長したことを大いにほめ，次年度へのエールとなるような勇気づけのメッセージを送るとよいでしょう。

エピソード　「先生は，来年もぼくたちと一緒だよね」と聞いてくる子がおり，「一緒がいいけれど，離ればなれになるかもしれません」と伝えたところ，「じゃあ先生にもプレゼントするね」と，来年度私のクラスになる子へ向けた手紙を書いて持ってきてくれました。
　この活動は１年間のふり返りができるとともに，「来年度も楽しみだな」という希望をもたせることもできました。

〈鈴村真梨英〉

第2章 小学校中学年の学級開き&学級じまいアクティビティ

15 先生が言いましたゲーム

■対象学年（時期）：3年生以上（学級開き）　■時間：5分以内　■準備物：特になし

ねらい みんなで遊ぶ楽しさや先生の話をよく聞くことの大切さを感じながら，友達の間違いに対して寛容な雰囲気をつくる

アクティビティの概要

「先生が言いました」と言ったときだけ，指示に従うようにするゲームです。どの時期にどの学年で実施しても楽しめる有名なゲームですが，中学年1学期の学級開きには，特におすすめです。自分中心だった低学年と比べて，少しずつ周りの様子が見えるようになり，間違いや失敗に対して敏感になり始める中学年。そんな子どもたちに「この先生のクラスはおもしろい！」「この先生となら1年間がんばれそうだ！」という思いをもたせながら，「間違ってもいいよ」「失敗しても次がんばろう」というメッセージを伝えます。

進め方

❶「これからゲームをします。『先生が言いました』と言ったときだけは，言われた通りに動きます。『先生が言いました』と言わないときは，動いてはいけません」

❷「新しい先生の言うことがよく聞けるかどうか，見せてもらいますよ」

❸「それでは始めます。立ちましょう！」と言い，両手で立たせるジェスチャーをします。

❹ここで子どもが何人か立つと思われます。そこで間髪を入れず「…と言われて立ったらダメだよ〜！」と言います。

　ポイント まずは，1回目の指示で引っかけましょう。ほとんどの子が引っかかるはずです。教室の雰囲気が一気にほぐれます。

❺「気を取り直して，もう一度。先生が言いました。立ちましょう！（全員が立つ）すごい！みんなが立ちました。よく話を聞いていましたね」

❻「先生が言いました。右手を挙げましょう！」と言いながら，ジェスチャーをします。

❼「遅いし，指が曲がっている人がいるなあ。下ろしましょう」

　ポイント 「ダメ出し&やり直し」のパターンは，子どもたちは引っかかりやすいです。

❽「先生が言いました。右手を挙げましょう！（子どもたちが素早くピンと手を挙げる）上手です。これから，いつもこのように手を挙げるのですよ。はい，次は左手も挙げて！」

　ポイント 「はい」「それでは」「次は」「今度は」「もう一度」などの言葉を言ってから指示を出すと，子どもたちは引っかかりやすいです。

❾「先生が言いました。両手を挙げます。先生が言いました。手をブラブラします！　先生が

言いました。もっと速くブラブラして～！　いいね！　（間を取って）…ストップ！」
　ポイント　突然ストップをかけると，子どもたちは引っかかりやすいです。
❿この調子で，その場でできる動き（立つ，座る，手を挙げる，体の一部分をさわる，足踏みをするなど）をテンポよく指示します。引っかけは４回に１回くらいがちょうどよいです。
⓫「これで終わります。座りましょう！（何人か座る）…と言われて座ったらダメだよ～！先生が言いました。これで終わります。座りましょう」

［アレンジ］
　外国語活動の授業で「サイモン・セズ」（"Simon says"と言われたときだけ指示に従うゲーム）をします。同じルールのゲームを経験していることになるので，子どもたちは説明を簡単に理解でき，英語に慣れ親しむ活動をすることができます。

 雰囲気づくりのポイント

　このゲームの肝は，テンポです。テンポよく，はっきりと指示を出しましょう。ジェスチャーもつければ，指示がわかりやすくなります。また，言葉がきつくならないように，やわらかい言葉づかいを心がけましょう。

　活動中は「先生の言うことをよく聞いているね。さすが○年生！」「間違えても大丈夫だよ。チャンスは何回もあるからね」「間違えた友達を冷やかす人が１人もいないね。いいクラスだなあ！」などと，明るく笑顔で声をかけましょう。また，同じパターンの引っかけを何回かすると，２回目以降は引っかかる子が減ってきます。「さっきは間違えた人も，今度はよく聞いていたね。すごいね！」と，ほめるチャンスをつくることができます。

　エピソード　この活動の後，みんなが笑顔になり，「楽しかった！」という声がたくさん出ました。「間違いを恐れて発表をしたがらない」との引き継ぎを受けていた子がいましたが，その子にも「さっきは間違えたのに今度はよく聞いていたね！」と声をかけることができました。
　翌日以降も「先生が言いました。黙って10秒で廊下に並びましょう！」などと，ゲームの延長の感覚で生活指導をしました。すると，子どもたちも楽しんでいる様子でした。

〈徳永峻二〉

16 ミッション・イン・パズル

- 対象学年（時期）：３年生以上（学級開き）
- 時間：10分
- 準備物：Ａ４の紙，またはＢ４の紙（質問が印刷されたもの）

ねらい ペアで質問し合う活動を通して，安心して話ができる雰囲気をつくる

アクティビティの概要

　子どもたちが，相手と組み合わせることで質問が浮かび上がってくる紙を元に，クラスを自由に動いてペアを探す活動です。見つかったペアと紙に書かれている質問について，会話のキャッチボールを続けていきます。「新しいクラスにどんな友達がいるのか」という不安を取り除くために，学級開きでは，子ども同士がいろいろな友達と楽しくかかわる時間を意図的に増やす必要があります。時間内にペアを変えながら，より多くの友達とコミュニケーションを取る活動を通して，新しいクラスへの不安を取り除き，安心してクラスの友達とかかわって話ができる雰囲気をつくることができます。

進め方

　事前の準備として，質問が書かれた１枚の紙を２つに切り，分けておきます。
　※ペアの数の分だけ質問を用意しておきます。
　（質問例）「好きな教科はなんですか？」「好きな食べ物はなんですか？」
　　　　　　「飼うなら犬派？　猫派？」「朝食はご飯派？　パン派？」

❶子どもたちに活動について説明をします。
　「これから，ミッション・イン・パズルをします」
　「教室を自由に歩いて，手に持っている紙を合わせてペアをつくります」
　「ペアができたら座り，全員座ったら浮かび上がってきた質問について，お互いに質問し合います」
　「ジャンケンをして，勝った人が初めに質問をし，口火を切ります。時間は１分間です」

　ポイント 質問する側への手立てとして，５ＷＩＨにかかわる質問例を板書しておくと，会話のやり取りが続きやすくなります。

　（板書例）「いつから好きですか？」「なぜ○○派ですか？」
　　　　　　「どうして好きになったのですか？」「どこで好きになりましたか？」など

　「それでは，デモンストレーションを見せます」

❷全員立ち上がり，活動を開始します。
　ポイント 学級の児童数が奇数の場合は，３人組になる紙を作ったり，活動に教師が入ったりします。

❸時間がきたら，紙を回収し，もう一度配り直します。これを3，4回繰り返します。
❹全員で活動のふり返りをして，教師は楽しい雰囲気でこれからも学校生活が送れるようにすることを伝えます。

[アレンジ]
- 学級の実態に合わせて質問の内容を調整することで，活動の質を高めることができます。「〇年〇組をどんなクラスにしたいですか」「この1年間でがんばりたいことは何ですか」など，クラスや個人の目標をテーマに話し合わせることで，目指す理想像を友達と共有することができます。
- 国語の新出漢字や算数の文章問題にこの活動を応用することで，楽しみながら基礎学力の定着を図ることもできます。

雰囲気づくりのポイント

- デモンストレーションの際に，「手伝ってくれる人はいますか？」と聞き，手を挙げてくれる子がいたら，「おー！ こういうときにみんなの前でやろうと思う前向きな気持ちがいいですね！ みんなの拍手で後押ししよう！」とよい行動を価値づけます。
- 紙を合わせるときに，合えば「イェーイ」とハイタッチをして，近くの席に座ります。合わなければ笑顔で「どんまい」と言って次の人へ行きます。
- 1回目の活動の中で，笑顔やアイコンタクト，握手など，相手を大切にした姿や，言いやすい雰囲気づくりをしているペアを1～2組程度取り上げて，よい姿を価値づけます。

エピソード 活動中はもちろん，活動後の休憩時間になっても続けて紙を合わせる子が多くて，「〇〇さんは何って質問だった？」と尋ねたり，「もっとやりたい！」と言ったりして，前向きな気持ちを引き出すことにつながりました。また，顔と顔，体と体が自然と近くなる場面もできて，その後のペア活動への抵抗感はなくなりました。距離感がぐっと近くなりました。

〈梶川大輔〉

17 背中に「ありがとう」

- 対象学年（時期）：3・4年生（1学期じまい）
- 時間：10分
- 準備物：8つ切り画用紙，水性マジックペン

ねらい 自己肯定感を高め，他者と助け合って生活していこうとする態度を育てる

アクティビティの概要

背中に貼った画用紙に，1学期の感謝の言葉を文字にして伝え合うアクティビティです。普段言えない『ありがとう』を文字にして伝え合うことで，「自分には居場所がある」「誰かの役に立つことは嬉しい」「このクラスでは安心して生活することができる」そんな思いを感じさせることができます。中学年になり，交友関係が広がる中で，「安心・安全」や「他者貢献」は友達関係を円滑に築いていくためのキーワードとなります。

進め方

❶ 8つ切りの画用紙を1枚と水性ペンを1本ずつ，クラス全員に配ります。配られた画用紙は自分の背中にテープで貼るように指示します。

❷ アクティビティの内容を説明します。

「これから制限時間内に，クラス内を自由に立ち歩き，友達の背中に貼られている画用紙に1学期に感謝したいこと『ありがとうメッセージ』を書きます。時間がきたら自分の席に戻り，自分にどんな『ありがとうメッセージ』が書かれたのかを確認します。クラスにはたくさんの笑顔があふれることでしょう。あたたかい空気の中で1学期を締めくくり，最高の夏休みを迎えたいですね」

ポイント メッセージの内容が具体的に浮かばない子どものために，前もって考える時間を取ったり，「○○のとき，△△してくれてありがとう」などの型を示したりしておくのもよいでしょう。

❸ アクティビティのルールを説明します。

「活動を成功させるためには2つのルールがあります。1つ目は，活動中はしゃべってはいけません。『ありがとう』を伝えたい相手が決まれば肩を軽くポンポンとたたきます。肩をたたかれた人は相手に背を向けて，メッセージを書いてもらってください。メッセージを書き終えたら，ピースサインで相手に教えてあげましょう。2つ目は，だれからも書かれない人をつくらないことです。まずは，ペア，生活班の友達からスタートし，時間内に全員達成を目指してがんばりましょう。それでは始めますね。制限時間は5分です。よーいスタート！」

❹ アクティビティのふり返りをします。

「時間になりました。自分の席でメッセージを確認しましょう」

ある程度，メッセージに全員が目を通したことを確認した後，ふり返りを交流させます。

ポイント このアクティビティでは，ふり返りがとても重要になります。自己肯定感や他者貢献の意識をさらに高めるためにも，全体で肯定的な感情の交流をさせたいところです。

画用紙の四隅をセロテープ等で留めると画用紙が固定され文字が書きやすくなります。粘着力の強すぎるテープを使う場合は，衣服を傷めてしまう恐れもあるので注意が必要です。

雰囲気づくりのポイント

- 無言で活動を行わせることは，文字でメッセージを見たときの感動を高めるためだと説明しておきます。また，言葉で伝えようとすると照れて言えないことも，文字にすることで伝えることができるという効果も狙っています。
- メッセージを書かれる量に極端な個人差ができないように配慮する必要があります。教師自らも活動に加わり，書かれる量の少ない子どもに積極的にメッセージを書いてあげたり，リーダータイプの子に「〇〇さんの背中がちょっと寂しいね」と耳打ちしてあげたりする等，できるだけメッセージ量に偏りができないように配慮してあげましょう。

エピソード 終始明るい笑顔がクラスにあふれるアクティビティとなりました。ふり返り場面では，「『勉強を優しく教えてくれてありがとう』というメッセージを見て，友達の役に立つことは嬉しいなと思いました」と，発表したAさんを見る周りの友達も笑顔になっていたことが印象的でした。「肯定的な感情は伝染する」そんな場面を体験できる素敵な時間になりました。

〈細川順司〉

18 がんばったメッセージ＆学級一体感UP作戦

■対象学年（時期）：３年生以上（１学期じまい）　■時間：10～20分
■準備物：Ａ４，またはＢ４の紙（白紙）

ねらい １学期にがんばったことを認め合い，２学期に向けて意欲を高める

アクティビティの概要

　１学期にがんばったことを子ども同士が伝え合い，互いに認め合う活動です。１学期の終わりにこの活動をすることで，子どもたちは自分のがんばりを客観視することができ，２学期ももっとがんばろうという意識を高めることができます。また，学級への所属意識を一人一人に根付かせる効果も期待できます。

進め方

　事前の準備として，紙の裏に，数字とひらがな１文字を書きます。数字は，学級の人数分の通し番号です。ひらがなは，並べ替えると，担任からのメッセージになるようにしておきます。
　(例)いちがっきはえがおでたのしかったね！

❶教師は１学期にがんばったことを伝え，活動の導入を行います。
　「みんな，１学期は一生懸命学習して，友達と仲良くかかわりながら，元気に過ごしましたね。そこで，がんばったみんなでメッセージを書き，２学期もがんばろうという気持ちで１学期を締めくくりましょう」

❷紙を４つ折りにし，一番上に一人一人が自分の名前を書きます。

❸教師が紙を一旦回収し，シャッフルしてから配ります。

　ポイント 配付するときに自分の紙が手元に来ないように，教師が一人一人に手渡ししたり，前から配るときに「一番上から取ってください」と指示したりして配慮します。

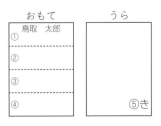

❹全員に配り終えたら，次のように指示します。
　「書かれた名前の友達について，１学期にがんばっていたと思うことや，その人のいいところを，一番上のスペースに書きます」

❺回収し，シャッフルして配り直します。これを４人分書けるようになるまで繰り返します。

　ポイント 人数が多い学級は，紙の大きさをＢ５に小さくしたり，紙を３つ折りにし３人分のメッセージに変更したりすると，時間の調整ができます。

❻４人分書けたら，４人目の人が本人に渡しに行きます。しばらく読む時間を設けます。

❼教師からみんなへメッセージがあることを伝えます。

「実は,先生からみんなにメッセージがあります。そのメッセージはみんなに協力してもらわないと現れません。みんな,協力してくれますか?」

❽机を教室の後ろへ下げて,広いスペースを作り,教師は次のように指示します。

「先ほど,みんなからのメッセージを受け取りましたね。その紙の裏に,数字を書いています。今から,1,2,3…と順番になるように円になりましょう。よーい,スタート!」

❾円になったら,教師が説明します。

「1番の人から順番に書かれたひらがなを言っていきます。そして言い終わったら,全員で声を揃えて読みます。最後は,1学期がんばったみんなとハイタッチをしましょう」

C「い・ち・が・っ・き・は・え・が・お・で・た・の・し・か・っ・た・ね」

C「いちがっきはえがおでたのしかったね! イェーイ!」

ポイント 学級目標の言葉とつなげて,1学期のがんばりを伝えます。

雰囲気づくりのポイント

- がんばったところが書けない子がいたときは,その子のいいところやまねしたいところでもよいと伝えます。また,1学期に撮った写真をムービーにして流したり,学校行事の写真を何枚か黒板に貼ったりして,1学期のことを思い出せるようにすることもできます。
- 教師は,お互いを認め合う姿が2学期につながるようにするために,「1学期で一人一人のよさを大切にしていける学級になったね」「学級全員が真剣に活動に向かうと,力強いチームになるね」などと声をかけ,個人と集団の両方のよい姿を伝えます。
- 活動後,ノートや連絡帳に貼って,残しておくこともできます。また,活動を映像に撮り2学期初めに見せることで,子どもたちは1学期のよい雰囲気を思い出し,2学期に引き継ぐことができます。映像を撮る際,教師は円の中心にいて,子ども一人一人のワクワクする表情を写す演出もできます。

> エピソード　4人からのメッセージを真剣に読んでいる子がたくさんいて,そのときは学級全体がとても静かでした。そのときの集中力は凄まじかったです。読みながら思わず笑顔になる子もいました。その子は翌日の3行日記に「みんなが私のことをこんな風に見てくれているとは思いませんでした。みんなのために2学期はもっとがんばりたいです」と書いていました。お互いのことを肯定的に認め合う時間をつくり,あたたかい雰囲気で学期を締めくくることができました。

〈梶川大輔〉

19 ピンポン式サイコロ de スピーチ

■対象学年（時期）：3年生以上（2学期開き）　■時間：5分　■準備物：サイコロ,タイマー

ねらい　休み明けの緊張感をほぐし，楽しく安心して2学期をスタートさせる

アクティビティの概要

　夏休み明けに，ペアでサイコロを使った「思い出発表会」をします。様々なお題に子どもたちはわくわくし，話すことへの緊張を和らげながら，楽しく発表し合うことができます。また，会話を交互にさせることで，友達との会話のやりとりが生まれ，自然と笑顔も増えます。

進め方

❶「今からペアで，『ピンポン式サイコロ de スピーチ』をします。サイコロをふって出た目の数と同じ番号のお題についてスピーチをします。お題は，夏休みに関することです。①楽しかったこと②がんばったこと③ほめられたこと④挑戦したこと⑤うれしかったこと⑥もう1日休みがあったらしたいことです」

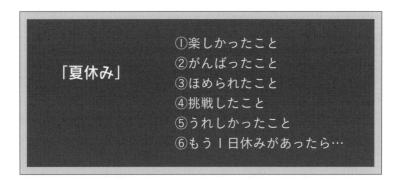

❷「ピンポン式なので，スピーチをする人と聞く人は卓球のように交互に会話のやりとりをします。聞く人は，質問や反応を言葉にしましょう」
　（例）A「私が楽しかったことは，家族でお祭りに行ったことです」
　　　　B「いいね，いいね。お祭りの中で，特に楽しかったことは何ですか？」
　　　　A「花火です。とても，迫力のある花火でした」
　　　　B「おぉ。屋台はありましたか？」
❸「スピーチをする順番を決めます。ペアの友達と向かい合って，じゃんけんをしましょう。

勝った人が先にスピーチをします」

❹「最初の人は、サイコロをふりましょう。時間は2分間です。2人で協力して、卓球のラリーのように2分間途切れることなくスピーチを続けましょう。それでは、2分間スピーチを始めます」

　　ポイント　サイコロをふるとき、みんなで「何がでるかな、何がでるかな」と言うと盛り上がります。

❺「時間になりました。友達のスピーチを聞いた感想を伝えましょう」

❻「役を交代します」

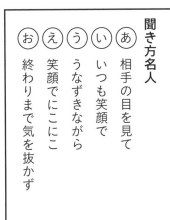

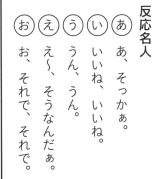

雰囲気づくりのポイント

　自分の話を真剣に聞いてくれる友達がいると、子どもたちの「話したい」という気持ちを高めることができます。また、話すことが苦手な子も、一生懸命話そうとします。教室に「聞き方名人」や「反応名人」などの掲示をし、普段から子どもたちの聞く姿勢のよいところを取り上げ伝えていくことで、あたたかい雰囲気を育んでいきます。

　エピソード　子どもたちは「何のお題かな。早くサイコロをふりたい」と、お題の内容にわくわくしていました。それぞれのお題に関する内容のスピーチなので、話のバリエーションが広がり、楽しく聞くこともできました。お題に「夏休みに大変だったこと」を入れたときは、宿題の話で大盛り上がりでした。話すことが苦手な子も、友達と協力することで長く会話が続き、終始笑顔でやりとりをしていました。

〈志満津征子〉

校内ライブツアー「〇年〇組　再結成！」

- 対象学年（時期）：3年生以上（2学期開き）
- 時間：1回あたり10分程度
- 準備物：CD，楽器など

ねらい 友達と一緒に歌うことの楽しさやみんなで1つの活動をすることによる一体感を味わい，学校生活への意欲を高める

アクティビティの概要

　学校の中のいろいろな場所で歌を発表する活動です。夏休み明けは，生活リズムの崩れなどが原因で学校生活の楽しさを味わえない子どもも多く，ともすれば学級がだらけた雰囲気になりがちです。そんな2学期の初めは，子どもも先生もわくわくするような活動にクラス全員で取り組み，みんなで楽しみながら学級の一体感を高めていきたいものです。

　そこで，休み明けの久しぶりの全員集合を「バンドの再結成」になぞらえてライブツアーを回り，全校に元気を与えつつ，自分たちも元気になりましょう。歌や踊りが大好きな元気でノリのいい中学年の子どもたちに，そして音楽の好きな先生におすすめの活動です。

進め方

【準備】

❶「来週から，校内ライブツアーをします。学校のいろいろな場所に出かけて歌を歌います。みんなの歌はとても上手で，聴いている人に元気を与えます。そんな〇年〇組の歌声で，全校の友達や先生に元気を与えましょう」

　ポイント この活動がたくさんの人の役に立つ活動であることを伝えます。先生自身が活動を楽しみにしていることが伝わるように，しっかりと気持ちを込めて語りましょう。

❷「まずは，場所のアイデアを出してください。学校には，中庭，運動場，体育館，校長室など，いろいろな場所があります。学校の中で，どこで歌ってみたいですか」

❸「次に，曲のアイデアを出してください。今まで音楽の授業で，いろいろな曲を学習しました。『今月の歌』の中にも，いい歌がたくさんあります。何の曲がいいですか」

　ポイント 学級の一体感を高めるのに，学級歌は最適です。学級歌があれば，ぜひ取り上げましょう。

　（私の学級では，詞も曲もオリジナルの学級歌を作っています）

［アレンジ］

　学級でダンスがはやっている場合は，ダンスを取り入れてもよいと思います。

❹「最後に，MC役を募集します。曲と曲の間にする話のことです。したい人はいますか」

❺休憩時間や放課後などに，代表の子ども数人と先生で話し合い，日時・場所・ライブの内容（曲とMCを合わせて10分程度になるように）を決めます。

❻曲順やMCを書いた台本を作成し，子どもたち全員に配ります。

【ライブの実施】

❼会場に行き，台本に沿ってライブをします。先生も伴奏をしながら（CDも可）一緒に歌います。

❽ライブ終了後，感想を話し合います。先生からも「よく声が出ていましたね。笑顔も素敵でした。特に○○さんは，体を揺らしながら楽しそうに歌っていました。さすが○年○組です。次もがんばりましょう」などと励ましの言葉をかけます。

> **ライブの実施例**
> MC　みなさん，こんにちは。3年梅組です。
> MC　今日は，お集まりいただき，ありがとうございます。
> MC　短い時間ですが，ごゆっくりお楽しみください。
> ①「さんぽ」（作詞：中川李枝子　作曲：久石譲）
> MC　ありがとうございました。次で最後の曲です。
> MC　3年梅組の学級歌「燃えろ！3梅ちゃん」です。手拍子で盛り上がりましょう。
> ②「燃えろ！3梅ちゃん」（オリジナル）
> MC　3年梅組でした。（全員で）ありがとうございました！

 雰囲気づくりのポイント

　この活動は「ライブツアー」というコンセプトに沿っていますので，第一に，歌のパフォーマンスには力を入れます。曲順やMCもこだわりをもって作ります。アンコールをかけてもらえるよう頼んでおいてもよいと思います。この活動に限らず，コンセプトを設定し，それに沿って活動をデザインすることで，活動がよりおもしろくなります。

　友達や先生から認められることは，中学年の子どもたちにとって最も強力な動機づけと言って過言ではありません。子どもたちが他の学級にライブの告知をするようにして，お客さんがたくさん集まり，高評価をもらえるように準備しましょう。そのためには，学年主任，他の学年の先生，管理職にも活動の実施について相談しておく必要があります。

> **エピソード**　校舎の窓からよく見える中庭でライブをしたときのことです。来てくれた子だけでなく，校舎内で見ていた子どもたちや職員室にいる先生方からも，盛大な拍手をもらいました。ライブが終わった後も他の先生から「さっきの歌は上手だったね」とほめられた子もいたようです。音楽に対して苦手意識のある子もいましたが，11月の学習発表会まで続くライブツアーの後のふり返りで「音楽がこんなに楽しいとは思いませんでした。またみんなで演奏をしたいです」といった感想を書いていました。

〈徳永峻二〉

21 ザ・ベストテン「今年の思い出ランキング」

■対象学年（時期）：3・4年生（2学期じまい）　■時間：10分　■準備物：アンケート用紙

ねらい　今年の思い出をふり返りながらクラスの一体感を高める

 アクティビティの概要

　子どもたちから募った今年の思い出エピソードをランキング形式でふり返るアクティビティです。運動会や学習発表会といった大きな行事から，授業中のハプニングや個人の活躍場面まで，幅広くエピソードを取り上げて紹介することで，あたたかな雰囲気の中で今年1年をふり返ることができます。思い出を楽しみながら共有することで，クラスの一体感が高まります。

進め方

❶事前にアンケート用紙を子どもに配付して，今年の思い出ベスト10を書かせます。（クラスの実態によっては「思い出ベスト5」など書かせる数を調整してもよいです）

　ポイント 思い出を書かせる際には，タイトルの後に選んだ理由をエピソード風に書かせるのがコツです。子どもの実態によってはタイトルだけでもOKとします。どうしても書けない子については，側で教師がアドバイスをしたり，代わりに書いてあげたりするのもよいでしょう。

　㈱「音楽会」理由：本番に成功したときのお客さんからの大きな拍手が忘れられないから。
　　「宿泊学習」理由：初めての宿泊行事で友達と過ごした一晩は最高の思い出になったから。

❷回収したアンケートをランキング形式で事前にまとめておきます。クラスに「イベント係」などの相応な係があれば子どもと一緒に集計をしても盛り上がります。

❸終業式の日に，10位から順番に思い出を発表していきます。
　「これから，クラスの思い出ベストテンを発表します。この間，みなさんに書いてもらったアンケートをランキング形式でまとめてきました。どんな思い出が飛び出すのでしょうか？ 心の準備はいいですか？　それでは，いきましょう！　第10位の発表です…。選ばれた理由には次のような意見が寄せられていました（理由をいくつか取り上げて発表します）」

❹第1位を発表した後，思い出の余韻に浸らせながら学年末に向けての意欲づけをします。
　「今日の思い出発表会はどうだったでしょうか？　○年○組が4月にスタートしてから，実にたくさんの思い出ができましたね。そんな○年○組もいよいよあと3か月でお別れとなります。修了式の日までに，さらに素敵な思い出が増やせるクラスになるといいですね」

[アレンジ]
　思い出ランキングをクイズ形式にして提示することもできます。思い出タイトルをすべて板

書して順位を当てたり，思い出タイトルを書いた理由を読んでタイトルを当てたりするなど，様々に活動をアレンジすることができます。

🌷 雰囲気づくりのポイント

- このアクティビティは教師の演出が成功のポイントとなります。淡々と思い出ランキングを読み上げていくのではなく，大げさなジェスチャーを取り入れたり，適度な間を取ってじらしたりと，教師のキャラクターに合わせて役者を演じましょう。
- 思い出ランキングに番外編として，少数意見や，「○○に聞いてみた○年○組の思い出」などを取り上げて紹介することで，クラスの意外な一面にもふれることができます。
- ドラムロールなどの音楽を使うことで，ランキング発表の雰囲気を演出することができます。

> **エピソード** ランキング発表の瞬間に，教室には心地よい静寂が訪れます。次々と発表される思い出に「大縄では，新記録が出たよね」「出た，出た！ なつかしい！」「運動会ではみんながんばったよなぁ」「練習きつかったけどね」などと余韻に浸りながら，思い出話に花を咲かせる多くの子どもたちの姿が見られました。年の瀬に，今年をふり返りながらクラスに大きな一体感が生み出されました。

〈細川順司〉

つなげてつなげて 成長リボン

■対象学年（時期）：4年生以上（2学期じまい）　■時間：10分〜
■準備物：カラーリボン，ネームペン

ねらい 自分や友達の成長をふり返ることで，お互いのよさを認め合い，さらに伸ばそうとする態度を育む

アクティビティの概要

学校行事の多い2学期は，子どもたちの成長が多く見られます。そんな2学期の学級じまいは，カラーリボンを活用してそれぞれの成長をふり返ります。自分のがんばりをリボンに書いて，次々とリボンを結んでいきます。クラス全員分のリボンをつなげて1本のリボンにし，みんなで読み合うことで，お互いの成長を認め合い，「3学期も成長したい」という思いを高めます。

進め方

❶「今から，『つないでつないで成長リボン』をします。ネームペン（油性ペン）を用意しましょう」

❷「1人に1本ずつカラーリボンを配ります」と言って，30cmほどに切ったリボンを配ります。

❸「このリボンに，2学期にがんばったことやできるようになったこと，自分の名前を書きましょう。友達のリボンと結ぶので，リボンの両端を5cmぐらい（小指1本分）空けるようにしましょう」

マラソン大会で、最後まで走りきった。（花子）

リボンの記入例

ポイント いろいろな種類のカラーリボンが100円ショップにあります。ネームペンで字を書くためには，幅が1.6cm以上のものがよいです。教室に飾る場合は，幅が5cmぐらいあると見やすいです。また，30cmにカットしたリボンが多めに用意してあると，子どもたちが失敗を恐れず安心して書くことができます。

❹「書き終わったら，となりの友達のリボンと結びましょう」

❺「班の友達と結んで1本のリボンにしましょう」
❻「どんどんリボンをつなげていきます。他の班と結んで，1本のリボンにしましょう」
❼「1本のリボンになりましたね。輪になって，みんなで読み合いましょう」

雰囲気づくりのポイント

　月ごとや行事ごとの活動写真を教室に掲示しておくと，お互いのがんばりや成長を普段から意識させることができます。みんなで輪になってリボンを読み合っていると，結んだ部分がほどける場合があります。そのときに，リボンをそっと結び直す子どもたちの微笑ましい姿も大切にします。「自分にはできないと思うことが，これまでに何度もあったよね。でも，自分たちの努力とみんなの支えで乗り越えて成長してきたね。ほどけて，また結んで…このリボンと同じだね」というように子どもたちの成長とリボンを絡めた話をしたり，リボンを教室に飾ったりするのもよいでしょう。

> **エピソード**　「みんな，こんなにたくさんがんばったんだね」「それぞれがんばったことが違うね」などの子どもたちの感想から，互いのよさを認め合う雰囲気の高まりを感じることができました。また，「3学期もリボンを書いて，このリボンとつなげたい」という意見には，「3学期が終わるころには，この成長リボンが教室1周するといいね。そんながんばりに包まれた教室にしたいね」と伝え，子どもたちの意欲を高めるとともに次の活動へつなげる声がけをしました。

〈志満津征子〉

23 動物語チェ〜ンジ

■ 対象学年（時期）：全学年（3学期開き）　■ 時間：5〜15分　■ 準備物：特になし

ねらい 言葉を越えたコミュニケーションを通して一歩先の人間関係づくりを行う

アクティビティの概要

「チェ〜ンジ！ "○○"（動物の名前）」の一声で日本語が動物語に変わります。「チェ〜ンジ！ "日本語"」の一声で動物語が日本語に戻ります。普段の何気ない会話も爆笑話にチェンジして，大盛り上がりすること間違いなしです。動物語になるとジェスチャーや表情がダイナミックになってしまうから不思議です。表現が大好きな中学年，学年末のスタートだからこそ，言葉を越えたコミュニケーションを通して一歩先の人間関係を目指していきましょう。

進め方

❶「3人組の中で，AさんとBさんが話者，Cさんがチェンジマンになります」

❷「AさんとBさんはいつものように日本語で会話を始めます。冬休みの思い出は？というお題で，どちらも同じぐらい話ができるように聞き合いましょう」
　A「私の冬休みの思い出は，お餅を10個食べたことです」
　B「10個も食べたのはすごいですね！　何味を食べたんですか？」
　ポイント ノリのよい子に話者のAさんとBさんのモデルになってもらいます。教師はチェンジマンのCさんを演じながら，説明をします。

❸「話の途中で，チェンジマンのCさんが『チェ〜ンジ！ "ネコ"』と言います。すると，話者のAさんとBさんはネコ語しか話せなくなります」
　A「ニャニャ，ニャー，ニャンニャー！」（きなこ餅が，喉に，詰まりそうになりました）
　B「ニャン，ニャー，ニャニニャー！」（私も，喉に，詰まりそうになったことがあります）
「このようにネコ語で会話を続けてください。大きなジェスチャーや豊かな表情も駆使してネコになりきるとグッドです」

❹「チェンジマンのCさんが『チェ〜ンジ！ "日本語"』と合図すると，日本語を使った会話に戻ります。何事もなかったように，日本語で会話を続けましょう」

❺「Cさんの『チェ〜ンジ！』の合図で日本語と動物語を交互に使い，AさんとBさんは2分間会話を続けます。モデルをしてくれたAさんとBさん，ありがとうございました」

❻「2分後，3人でどんなところが面白かったかを1分間ふり返ります」

❼「3回行い全員がチェンジマンを経験します。それでは1回目です。始めてください」

[アレンジ]
- 3人組をぴったり作れない場合には4人組（チェンジマン2名or話者3名）で行ってもかまいません。1名or2名がジャッジマンとなり，学級の中の「なりきっていたで賞」，「笑顔いっぱいで賞」，「チームワークがよいで賞」…の3人組を見つけて表彰するのも楽しいです。
- 「チェ〜ンジ！"バビブベ語"」，「チェ〜ンジ！"ロボット語"」，「チェ〜ンジ！"外国人の日本語"」，「チェ〜ンジ！"なんちゃって中国語"」…も面白いです。

雰囲気づくりのポイント

- 話者はどちらも「同じぐらいの話量」になるように聞き合うことがポイントです。
- 30秒，60秒，90秒…と，実態に合わせて時間を長くしていくことで，話せない子も次第に話せるようになっていきます。「ペアトーク」が日常化している学級ではとてもスムーズに取り組むことができます。
- 教師がチェンジマンとなり，「ペア」で一斉に取り組んでみるのもOKです。はじめは長めに話したところで「チェ〜ンジ！」の合図を出しますが，慣れてきたら短いタイミングで合図を出します。面白さやルールを理解できたところで3人組に委ねましょう。
- 教師がお題を出すことで話しやすくなります。動物語になったときに「ジェスチャー」が大きくなるようなお題にすると盛り上がります。
  ㈹「もしも3億円当たったら？」「海外旅行で行きたい所は？」「好きなスポーツは？」等

> **エピソード** 普段は控えめだったあの子が，何とゴリラになりきって楽しんでいます。胸を叩きながら「ウホウホ，ウホホ！」と会話をしています。一緒に活動しているパートナーの動きや表情も一層大きくなり大笑いしています。あの子の新たな一面を発見することができました。チェンジマンのCさんは「私がちょうどいいタイミングでチェンジしたら，AさんとBさんの会話が何だか盛り上がった感じがします」とふり返りました。AさんとBさんも「そうそう，そうだったよね」と共感していました。3人の心の距離がぐっと近くなったようです。
>
> この3人で行ったからこその面白さがふり返りの中にざくざくと溢れ出ます。腹を抱えて笑い合えるちょっぴり刺激的な体験から学年末のスタートを切るのはどうですか？

〈鈴木優太〉

24 メッセージをみんなで！

■対象学年（時期）：3年生以上（3学期開き）　■時間：30分　■準備物：なし

ねらい 学期のスタートに全員で「つながる」喜びを味わう

アクティビティの概要

　冬休みは夏休みと比べて短いものの，クリスマスやお正月などの行事が続き，冬休み明けは子どもたちにとって壁があるものです。そこで，「お正月」をうまく活用したアクティビティです。子どもに「寒中見舞い」を送ります。その「寒中見舞い」に，新学期登校するのが楽しみになるようなしかけをプラスします。全員の「寒中見舞い」に1文字ずつ平仮名を記載しておきます。その平仮名を新学期初日に全員で読み上げるというものです。つなげてできる言葉は教師からのメッセージでもいいですし，学級目標でもいいです。初日に全員でつなげて言葉を完成させるというところに大きな意味があります。

進め方

❶「寒中見舞い」を作り，新年に到着するよう子どもの自宅に送付します（右図）。
　※「寒中見舞い」を送付するのが難しい場合は，新学期初日に子どもの机に入れておくとよいです。

❷黒板にメッセージを書いておき，楽しい雰囲気で新学期が迎えられるようにします。その一部分を空欄にしておき，「この部分は，ヒミツメッセージ」と記しておきます。

❸「みんなへの『寒中見舞い』にあった『秘密の暗号』覚えてきたかな？」と尋ねます。

　ポイント 何が書いてあったか忘れてくる子がいて，楽しめなければこのアクティビティの意味はなくなってしまいます。はがきの一部を切り取れるようにする，連絡帳に貼るスペースを作っておくなど，工夫が必要です。また，それでも忘れてしまった子のために，教師が一人一人に何を書いたかを記録しておき，その場で教えられるようにしておくことが大切です。忘れた子にも「新年特別サービス。こっそり教えてあげよう！」とあたたかく楽しくフォローしましょう。

❹暗号を読む順番を指定し（黒板にネームカードを貼ったり，出席番号を書いたりする），「全員で1つのメッセージを完成させよう。1人が読んでいるように，前後は誰なのかも確認し

「寒中見舞い」から抜粋

＜秘密の暗号＞

下に書いてある文字を始業式にみんなでつなげるとメッセージが完成するよ。覚えてきてね。

○○くん（さん）は

　　　　　　　　　　　　

です。よろしくね！

ておこう」と指示をします。

❺ 全員の準備が出来たことを確認し，教師の合図でメッセージをつなげます。

❻ メッセージがつながったら全員で大きな拍手をし，教師がそのメッセージをもう一度読み上げます。（教師はメッセージ本文を持っておく）

ポイント メッセージで「っ」や「ょ」などの拗音を入れる場合は「いっ」「きょ」など前の文字とセットにして入れておくことで読み上げたときにわかりやすくなります。小さな工夫ですが，活動がより一層楽しくなるポイントです。

雰囲気づくりのポイント

　朝，教室の黒板には子どもたちが教室に帰ってきたことへの喜びをメッセージやイラストにして書いておきます。新年最初ということも考え，その年の干支のイラストなども一緒に書いておくと明るい感じになります。イラストを書く際には，プロジェクターで参考にするイラストを写しながら書くと書きやすいですよ。

　そして，その最後の一文を空欄にしておきましょう。すると，何人かの子どもたちは「何か仕掛けがあるんだな」と，友達に「暗号何だった？」と聞き始めます。これだけで，初日のワクワク感や教室の雰囲気はよくなります。

　朝の時点で，暗号の順番を書いておいてもよいのですが，そうすると登校した子どもたち同士でメッセージが完成してしまう事がありワクワク感が減ってしまいます。私は，ディスプレイや拡大コピーした紙を使い，全員が揃ってから暗号解読の順番を伝えました。

エピソード この実践は，初任のときから毎年アレンジを加えながら取り組んでいます。子どもたちは登校するなり「どんなメッセージができるかな？」「早くみんなでつなげたいな！」とワクワクしている様子でした。また，連絡帳で「私も暗号がどうなるか楽しみにしていました」とご連絡くださった保護者の方もいて，こちらも嬉しくなりました。

〈蜂谷太朗〉

25 動物語バイリンガル〜

■対象学年（時期）：全学年（学級じまい）　■時間：10〜15分　■準備物：特になし

ねらい 言葉を越えたコミュニケーションを通して一歩先の人間関係づくりを行う

アクティビティの概要

　話者が動物語とジェスチャーを使って伝えようとしていることを，翻訳者は日本語に同時通訳して観客に伝えます。伝えたいことが伝わる心地よさも，ズレてしまう面白さも仲間と一緒に楽しむことができます。1年間過ごしてきた仲間との安心・安全の人間関係があるからこそチャレンジできるという子どももいるかもしれません。学級じまいの前に，一歩先の人間関係を目指してぜひチャレンジしてほしいアクティビティです。

進め方

❶「3人組の中で，Aさんが話者，Bさんが翻訳者，Cさんが観客になります」

❷「話者のAさんが動物語で話します。この1年間の思い出は？というお題です。それでは，サルになりきって2分間話してもらいます」

　ポイント ノリのよい子に話者のAさんのモデルになってもらいます。教師は翻訳者のBさんを演じながら，説明をします。

❸「翻訳者のBさんは話者のAさんが話していることを日本語で翻訳して観客に伝えます。こうじゃないかと思った通りにスピーディーに"同時通訳"します。それではやってみますね」

❹話　者「ウキキキキ，ウッキキィ，ウキーキキ！」
　翻訳者「一番の思い出は，お楽しみ会の水鉄砲合戦で，びしょ濡れになったことです！」
　話　者「ウッキーウッキキ，ウキィ，ウッキッキー！」
　翻訳者「走っていたら，水たまりに突っ込み，思いっきりずっこけてしまったんです！」
　（「ずっこけてしまった！」という翻訳に，話者がずっこけるジェスチャーをする）
　「…という感じです。モデルのAさんに大きな拍手をお願いします。このように2分間続けます」

❺「2分後，観客のCさんにはどのように伝わっていたか？翻訳者のBさんにはどんなことが伝わっていたか？話者のAさんは本当は何を伝えたかったのか？を2分間ふり返ります。伝えたかったことが伝わった心地よさもあれば，伝えたかったこととは違うズレもたくさん生まれていたかもしれません。面白いなぁと思ったところを3人で話してください」

❻「3回行い全員がすべての役割を経験します。それでは1回目です。始めてください」

[アレンジ]
- 3人組をぴったり作れない場合には4人組（観客2名）で行うこともできます。
- 「ジェスチャー」が大きくなるようなお題にするのがポイントです。
  (例)「もしも無人島で1か月生活することになったら？」「夢のお城ってどんなお城？」「テレホンショッピングで〇〇を売ろう！」等
- 動物語ではなく，「ガギグゲ語」，「原始人語」，「デタラメ英語」…で行うのも面白いです。

雰囲気づくりのポイント

- 演じる動物は何でもかまいません。話者が選択できた方が取り組みやすいです。
- 翻訳者はあまり深く考えないことがポイントです。スピーディーに同時通訳をします。
- 先述した『動物語チェ～ンジ』を行っているととてもスムーズに取り組むことができます。

エピソード 話者が一生懸命演じる動物語とジェスチャーによる即興話に寄せて翻訳者もまた日本語で一生懸命翻訳します。「受け止めてもらえている」と話者の子どもは強く実感するようです。また，進め方のところで紹介した（「ずっこけてしまった！」という翻訳に，話者がずっこけるジェスチャーをする）ように，翻訳者の日本語の言葉，間や空気感やキャラクターに，話者が寄せて表現することもけっこう起こります。2人が寄せ合い，チューニングするような感覚で，予定もしていなかった方向へ話が進んでいく面白さがあります。ズレやエラーもたくさん起こるからこそ，想像もしていなかった展開が2人の中から生み出されていくのが魅力です。

　時間になると，「ふり返りましょう」と言わずとも，自然と話したいことがあふれ，ふり返りが始まってしまうほどです。ふり返りたいことが猛烈に巻き起こるアクティビティなのです。話者と翻訳者の言葉を越えた即興のやりとりを見守る観客がいるのも面白い仕掛けとなります。

　学級じまいのこの時期だからこそ，言葉を越えたコミュニケーションを通して，一歩先の人間関係を目指していきましょう。チャレンジする価値のあるアクティビティですよ。

〈鈴木優太〉

26 次への一歩を踏み出そう！

■対象学年（時期）：３年生以上（学級じまい）　■時間：45分　■準備物：なし

 １年間の学びを次学年でも生かそうとする意欲を高める

アクティビティの概要

　この活動は，友達と一緒に「１年間のふり返り」をするというものです。中学年は自分たちでできることも増え，クラスの団結力も高まりやすい時期です。しかし，４月からは新しいクラス・新しいメンバーで活動することになり，そのことに不安を感じる子もいます。そこで，この活動では１年間の自分のがんばり・クラスの様子をふり返ります。そして，次の学級でもそれを生かして活動しようという意欲を高めさせることをねらいとして行います。楽しく，でもちょっぴり寂しく学級じまいをすることができます。

進め方

❶「みんなは１年間，本当にたくさんのことを身に付け，立派に成長しました。まずは，自分ががんばったことを書き出してみましょう」
→ワークシート（右図）を配付し(1)に記入させます（教師は全員に声をかけて回ります）。

❷「次に，クラスのよさを出し合ってみましょう。初めは個人で書き，その後グループごとにホワイトボードに書きます」
→４人組を作り「クラスのよさ」についてホワイトボードにまとめさせます。まとまったものを黒板に貼ります。
※裏面にマグネットがついたホワイトボードがあると便利です。

❸子どもの記録写真でスライドショーを作っておき，上映します。（教師から見たクラスのよさについてスライドショーを

４年３組　１年間のふり返り

(1)　自分がこの１年でがんばったこと

(2)　４年３組の「よさ」って？

(3)　５年生の新しいクラスでがんばりたいこと

見せながら話します)
❹「〇年〇組仲間のパスポート」(右図)を渡し,「クラスが変わってからも活躍してほしい」ことを伝える。
→裏面に一人一人のキラリと輝くよさを一言メッセージにして書く。
❺ワークシートに次年度への抱負を書く。
❻活動の感想を発表する。

学級じまい

 雰囲気づくりのポイント

　1年間一緒に過ごしてきた仲間・担任との別れは子どもたちにとっても辛いものです。でも,同時にそれは成長のチャンスでもあります。教師は,その視点をもって次へのステップが踏み出しやすいように援助してあげたいですね。1年間の子どもたちのがんばりをたくさん記録しておき,それを浴びせるようにたくさんかけてあげましょう。それと同時に,感謝の思いもたくさん伝えましょう。子どもたちは自分がしてもらって嬉しかったことをします。言ってもらって嬉しかったことを言います。その環境を与えるのが私たちの役割です。たくさんの笑顔とちょっぴり悲しそうな顔,教師自身が子どもたちとの思い出を本気でふり返り,そして「これからもがんばれ!」というメッセージを全身から伝えることが大事です。

　エピソード　先日,以前担任した子(現在は中学生)が学校に来てくれました。「先生,このカードを見せたら相談していいんだよね」と。中学校での学習についての報告と相談でした。また,新任のときに担任をした子が,20歳になった今でも大事に持っていてくれているという話を聞かせてくれました。子どもたちから,次へのステップを踏み出すための手助けになったという話を聞けることが何よりも嬉しいことです。

〈蜂谷太朗〉

第 3 章 小学校高学年の学級開き&学級じまいアクティビティ

みんなにサインを もらっちゃおうゲーム！

■対象学年（時期）：3年生以上（学級開き）　■時間：30分　■準備物：サインをもらう用紙

ねらい 友達や教師と楽しくかかわることで，「安心」を感じさせる

アクティビティの概要

　私の学級開きのねらいは，ずばり「子どもたちに『安心』を感じさせること」です。そのために，学級開きの中で，「このクラスなら，楽しくやっていけそうだな」「このメンバーなら，仲良くなれそうだな」と思える出会いのアクティビティを仕組みます。この「みんなにサインをもらっちゃおうゲーム」は，「クラスみんなにサインをもらう」という単純明快なアクティビティです。気楽な気持ちでわいわいと楽しくかかわり合うことができるので，まだ子どもたち同士の関係性が薄い学級開きにおすすめです。

進め方

❶ プリント（下記参照）を配付し，事前指導をします。（後述「雰囲気づくりのポイント」参照）

❷ プリントと鉛筆を持って，教室内を自由に歩きます。

❸ クラスメイトと2人組になり，「〇〇〇〇（自分の名前）です。1年間，よろしくお願いします」とお互いにあいさつをし合います。

　ポイント 教師はこのとき，子どもたちの様子をよく観察し，状況に応じて支援をします。固まってしまう子や乱暴なかかわり方をする子がいるかもしれません。

❹ あいさつをした後，プリントを交換し，自分の名前の欄にサインをします。

❺ 「ありがとうございました」とあいさつをして別れます。

❻ 全員のサインをもらうまで，または時間が来るまで，❷〜❺を繰り返します。

　ポイント 「全員のサインをもらったら終了」とするか「時間が来たらとりあえず終了」とするかは，クラスの実態によって決めてください。特別な支援を要する子がいる場合は，「15分で，できるだけたくさんの友達にサインをもらってね。15分経ってタイマーが鳴ったら，途中でも自分の席に座ってね」と前もって伝えておくとよいでしょう。

❼ アクティビティが終わったら，ふり返りをします。（後述「雰囲気づくりのポイント」参照）

[アレンジ]
- プリントに教師の名前も入れておけば，子どもたちが「先生，サインください」とサインをもらいに来るので，一人一人と1対1でかかわることができます。
- あいさつをした後に握手をしたり，サインをした後にハイタッチをしたりと，軽いスキンシップを盛り込んでもよいでしょう。

雰囲気づくりのポイント

- 子どもたち同士の関係性が薄い初日にいきなり交流させるのは，リスクも伴います。そのリスクを防ぐために，始める前に，子どもたちに事前指導をします。「このゲームは何のために行うと思いますか？」「どういうことに気をつければ，みんなが楽しく取り組めると思いますか？」このようにして，あらかじめ「目的」と「望ましい行動」について共通理解を図っておきます。そして，子どもたちが交流しているときは，一人一人の様子をしっかりと観察し，トラブルが起こりそうだったら「どうしたの？」と話を聞きましょう。
- 終わった後，事前指導に基づいて，ふり返りをします。「最初に確認したことができていたね！　すごいなぁ～！　このメンバーで，○年○組を素敵なクラスにしていこう！　クラスの友達みんなに拍手～！」
- プリントに「感想欄」を設けておき，ふり返りの際に何人かに感想を発表してもらうとよいでしょう。「みんなが笑顔で話しかけてきてくれて，嬉しかったです」「最初は緊張していて不安だったけれど，楽しくゲームをすることができて安心しました」

エピソード　まだ関係性が薄い時期ですので，最初は子どもたちの動きがぎこちなく感じられますが，アクティビティが進むにつれて，だんだんと表情が柔らかくなり，盛り上がっていきます。「見て見て！　全員のサインがそろったよ！」「僕はこういうサインにしたんだ！」「○○くんのサイン，おもしろいんだよ！」と，子どもたちは楽しそうに感想を伝えてくれます。

〈浅野英樹〉

28 名前の大冒険

■対象学年（時期）：5・6年生（学級開き）　■時間：15分　■準備物：なし

 自己紹介を通じて多くの友達と交流し，安心してスタートが切れる雰囲気をつくる

アクティビティの概要

　緊張している子どもも多い新学期。初めて同じクラスになる子どももいるかと思います。このゲームでは自己紹介をしながら，教室中を歩き回り，たくさんの友達とかかわりをもっていきます。友達とかかわりながら，友達の好きな○○や性格など情報交換し，「このクラス楽しそうだな」と安心感をもつことができるゲームです。学級開きでは，考えさせるゲームよりも，たくさんの友達と交流するゲームの方が子どもは乗りやすく，その後の活動にもつなげやすくなります。

進め方

❶「今から『名前の大冒険』というゲームをします」
❷「教室を自由に歩き，できるだけたくさんの人と自己紹介をしてください」
❸「ですが，『名前の大冒険』はただの自己紹介ではありません」
❹「AくんとBくんが自己紹介をし合ったら，AくんはBくんに，BくんはAくんに変身します。AくんはBくんになったまま他の友達と自己紹介をしていきます。これを繰り返していくわけです」
❺「つまり，自己紹介をする度に相手と入れ替わり，友達になりきって自己紹介をしていくわけですね」
❻「自己紹介をする内容は，名前と好きな食べ物です」
❼「それでは始めましょう」

[アレンジ]

●どんなクラスにしたいかな？

　好きな○○だけでなく，クラスをどうしていきたいのかを交流します。子どものつぶやきから学級目標のヒントになるような言葉が聞こえてきたりします。

●さあ，自分はどこかな？

　時間に余裕があれば，全体で発表する場を設けます。他己紹介のように友達のことを紹介するわけです。「○○○○さん，立ってください」と呼びかけ，紹介すれば顔と名前が一致し，全体にも広めることができます。

●ワンポイントアクション

　自己紹介をするときには，ハイタッチ，握手，じゃんけんしてからなどワンポイント動作を追加するだけで子どもの交流はさらに活性化します。

雰囲気づくりのポイント

　何より教師が楽しそうな雰囲気を出すことが一番です。教師が楽しげに語るだけでクラスの雰囲気はグッと柔らかくなります。それに加え，いきなり全体交流ではなく，ペアやグループでじゃんけん大会など少人数で気持ちをほぐす活動を行えば，準備OKです。言葉で説明しただけでは，わかりにくい部分があるので，数人の子どもに手伝ってもらい，デモンストレーションをするのがオススメです。協力してくれた子どもをすかさずほめるのも忘れません。雰囲気をつくるため，邪魔にならない程度に，楽しげなBGMを流すのも1つの方法だと思います。学期初め，いきなり友達と交流することは子どもたちにとって予想以上にハードルが高いものだったりします。中には，どうしていいかわからず，交流の輪に入れない子どもも出てくるかもしれません。そんなときは，教師がまず相手になったり，伝えるのは名前だけでもよいことを伝えます。また，活動後「少しでも友達とかかわろうと動いて偉かったね」と声がけをしてあげることも大切です。この活動はダラダラ続けるのではなく，時間で切るのがよいと思います。紹介ができないということがないよう，最後になりきった相手が誰だったのかをきちんと覚えておくよう声がけをします。

> **エピソード**　緊張していた子どもたちが，だんだん笑顔になっていきました。自然と握手をしたり，「これからよろしくね」と声をかけ合ったりと緊張，不安が和らいでいきます。他己紹介をさせると「俺と好きな○○同じだ」「初めて知った」など子どもたちからつぶやきが聞こえました。その後，休み時間に「さっき○○が好きって紹介されてたけどさ…」とこの活動が会話の糸口になっている光景を目にしたこともあります。

〈湯澤竜太〉

29 子どもたちが企画・実行！「１学期がんばったね会」

- 対象学年（時期）：３年生以上（１学期じまい）
- 時間：90分（本番）
- 準備物：子どもたちの企画によって異なる

ねらい 子どもたちに企画・実行の経験を積ませ，自治的能力を高める

アクティビティの概要

「１学期がんばったね会」（いわゆる「お楽しみ会」）を，子どもたちの力で企画・実行させようというプロジェクト系のアクティビティです。１学期のうちに，こうした会を企画・実行する経験を積むことで，自治的な能力が高まります。いい形で１学期をしめくくれるとともに，２学期以降の学習や生活にその経験が生きてくることでしょう。

進め方

❶ 子どもたちに「１学期がんばったね会」の趣旨を説明し，「会の目標」と「プロジェクトリーダー」を決めます。

ポイント 「どうしてこの会を開こうとしているのか」「どうして子どもたちに企画・実行してほしいのか」についての教師の思いを伝えましょう。その上で，子どもたちに話し合わせ，「会の目標」と「プロジェクトリーダー」（数名）を決めさせます。会の目標は，プロジェクトリーダーに模造紙などに書いてもらい，教室に貼っておくようにします。

❷ 「１学期がんばったね会」で，何をやるのかを決めます。

ポイント 会の趣旨や会の目標に基づいて，教師が一定の条件を出すとよいでしょう。例えば，「時間は90分以内」「クラスみんなで楽しく遊べる遊びを１つは入れる」「一人一人が，『１学期にこれをがんばりました！』とみんなに発表する時間をつくる」などです。その条件をもとに，プロジェクトリーダーを中心に，何をやるのかを子どもたちに話し合わせます。

❸ プログラムを決定し，役割を割り振ります。

ポイント 一人一人に役割を割り振ると，「自分たちで会を作り上げよう」という意欲がより高まります。例えば，「Ａくん・Ｂさん・Ｃくん→司会」「Ｄくん・Ｅさん→はじめの言葉」「Ｆくん・Ｇさん・Ｈくん→クラス遊び」などです。

❹ それぞれの役割で，準備を進めます。

ポイント 学級活動の時間・休み時間・放課後などを使って，少しずつ準備を進めさせます。プロジェクトリーダーに，進捗状況を報告させます。それぞれの役割において，教師の継続的な激励やアドバイスの声がけが必要です。

❺ 「１学期がんばったね会」を実施します。

ポイント 本番は，教師はなるべく何も言わず，子どもたちを信頼して，運営を任せましょう。あらかじめ，「本番は，みんなに任せるからね。みんなで協力して，会の目標を達成しよう！」と伝えておくとよいでしょう。

❻ ふり返りをします。

ポイント 「自分たちで会を企画・実行してみて，どうだったか」「『会の目標』を達成できたか」などについて，一人一人に感想を書かせたり，発表させたりするとよいでしょう。そして，「この経験が，必ず２学期以降に生きてくるよ」と，やり遂げたことをうんとほめましょう。

🌷 雰囲気づくりのポイント

- １学期の子どもたちは，企画・実行の経験がまだ浅いので，「すべてを子どもたちに任せよう」と考えるのではなく，「先生と一緒に考えよう」というスタンスでよいでしょう。私の１学期じまいのバランスイメージは，「子どもたち50％，先生50％」です。一つ一つの工程を丁寧に教え，あたたかく見守っていきます。先述の「進め方」のポイントを参考にしてください。

- 教師から会を提案してもよいのですが，何人かの子どもたちと雑談する中で「１学期の最後に，お楽しみ会をしたいね」と話をもちかけ，その子たちからみんなに提案してもらうようにすると，より「会を開きたい！」という気持ちが高まるでしょう。

- 準備がうまく進まないときに，「リーダーの責任だよ！　リーダー，しっかりしなさい！」とプロジェクトリーダーだけを責めてはいけません。リーダーを中心に，どうすればよいのかをみんなで話し合わせるのです。うまく進まないときやトラブルがあったときこそ，「集団が成長するチャンス」なのです。子どもたちにもその価値を繰り返し伝えましょう。

エピソード　私は，１学期の終わりに，こうした会を子どもたち主体で開いています。そのときの子どもたちによって会の内容は異なりますが，共通して言えることは，「自分たちで企画・実行する経験を積むことで，子どもたちは大きく成長する」ということです。「自分たちでやり遂げた」という自信と達成感を感じ，満足して１学期を終えることができます。

〈浅野英樹〉

30 ひみつの友達，だ～れかな？

- 対象学年（時期）：5・6年生（1学期じまい）
- 時間：20分
- 準備物：メッセージカード

ねらい 友達とあたたかなメッセージを送り合うことで，学級への所属感と2学期の意欲につなげる

アクティビティの概要

　1学期をともに過ごした仲間のよいところやありがとうの気持ちをメッセージカードに乗せて伝えます。直接言葉にするのは，高学年の発達段階だと恥ずかしさもでてくるので，「書かせる」ことは有効です。朝のうちに誰にメッセージを書くのかをクジで決めておきます。その友達のことを1日観察します。「ひみつの友達」の名のごとく，絶対に相手にバレてはいけません。観察期間を1週間など長く取ると，より細かく相手のことを見ることができますが，手軽さでいうと1日完結型の方が効率よく，たくさんの友達に書くことができます。

進め方（1日完結　3人に書くと想定した場合）※人数は実態によって変更

　事前に，メッセージカードに自分自身の名前を書き，3つの袋に入れさせておきます。

❶「朝来た人から，3つの袋から1枚ずつメッセージカードを引きましょう。引いた3人が自分のひみつの友達です。もし，同じ人を引いてしまった場合は袋に戻してもう一度引きましょう」

❷「引いた3人を1日観察します。いいところやがんばっているところをたくさん探しましょう。あとで，メッセージを送りますよ」

❸「さぁ，自分のひみつの友達にメッセージを送りましょう。1学期間，一緒に過ごした大切な仲間です。心をこめて書きましょう」　　　※手間でも一度必ず回収し，目を通します。

❹【学級じまい当日】「書けたメッセージを本人に渡しにいきます。そのとき，一言そえて渡せるといいですね」

❺「もらったメッセージは友達が心をこめて書いた，宝物です。大切にしましょう。2学期もこの素晴らしい仲間たちと楽しく過ごしていきたいですね」

[アレンジ]

●○○を追跡せよ

　よく教室で使うような名前のマグネット（名前が書いてあれば何でもよい）を箱に入れ，そこから1つ引く。その引いた子どもに対してメッセージを書く。ひみつの友達の前段階として手軽で，準備するものも少なくオススメです。ねらいによって，男子は女子に，女子は男子に

書くなど，しばりをつけることもできます。メッセージの内容は必ず担任が目を通しましょう。
●ありがとうメッセージアルバム
　学期終わりから日数を逆算すれば，意図的に全員にメッセージを送ることもできます。集まったメッセージをそのまま持って帰ってもいいですが，クラス写真や担任メッセージが印刷された画用紙を配付し，そこに貼るよう指示するだけで素敵な「思い出」が完成します。100円ショップでカードホルダーを購入し，全員からのメッセージを入れたこともありました。

雰囲気づくりのポイント

　「友達のよいところを探す」これが何より大切です。トラブルが多いクラスは，子どもたち同士で相手の悪いところばかり指摘し合っていることが多いです。繰り返しやっていると自然と相手のいいところを探そうという意識が芽生えてきます。慣れてきたら，ただよいところを書かせるだけでなく，学期初めと比べて自分との関係性がどうなったのかを書くよう指示すると価値が高まります。例えば，「1学期の初めはあまり話したことがなかったけど，同じクラスになってみて〇〇くんは困ったら助けてくれる優しい心の持ち主だということがわかったよ」など学期当初と関係性を比較させる視点をもたせるのです。この取り組みを行う上で絶対に落としてはいけないポイントがあります。それはメッセージの「内容」です。相手を傷つけ，嫌な思いをさせる内容であってはこの取り組みは価値をなさず，むしろマイナスになります。ですが逆に教師がリスクをきちんと認識し，書く内容について子どもに事前指導をした上で，担任がメッセージに必ず目を通し，傷つく子どもを絶対出さないよう手立てを講じれば非常に価値のある取り組みになります。さらに，「書かせっぱなし」ではなく，目を通したメッセージを返却するときに「いいところをたくさん見つけたね」「（具体的な言葉を出して）この言葉を言われたら先生嬉しいな」など，書き方や内容のよかったところを書いた子どもへ声がけし，評価することで，子どもたちも書き方を理解して，取り組みがより価値のあるものになります。この実践のポイントは，クラスのあたたかな雰囲気をベースに「事前指導」と「教師の目通し」がすべてです。この点を絶対に怠らず，取り組んでほしいと思います。

> **エピソード**　子どもたちから，「メッセージをもらえて嬉しい」「またやりたい」などたくさんの喜びの声が聞こえてきました。中には，自分で大切に筆箱の中にしまったり，台紙を作って自ら貼っている子どもまでいました。学期ごとの学級じまいの際には必ず行っています。この活動によって，「クラス楽しかったな」「〇学期もがんばろう」と前向きに休みに入ることができます。

〈湯澤竜太〉

31 知らないことは、たずねちゃえクイズ（自由研究編）

- 対象学年（時期）：5・6年生（2学期開き）
- 時間：10分
- 準備物：子どもの自由研究の内容から作った問題と問題用紙

ねらい 夏休みの気分が抜けきらない時期に、互いに自由研究を見せ合うことと問題を聞き合うことで会話を生みリレーションの再構築を図る

 アクティビティの概要

　夏休みの自由研究を活用してクイズをすることにより、子どもたちのリレーションの再構築をねらったものです。事前に「みんながやってきた自由研究をよく見て、ここがいいな。こんな工夫がある。というところを見つけておきましょう」と伝えておきます。そして「自由研究の内容からクイズ大会をします。自分の自由研究の中からクイズを1つ作っておきましょう」とクイズを作らせ、それをもとに問題用紙を作成します。その問題用紙を片手に問題を作った本人以外の人に訪ねて答えを書いてもらいます。決して1人で回答してはいけません。自分にできるのは「この問題は、あの人に答えてもらおう」と決めてお願いすることだけです。問題数によって回答時間は異なりますが、概ね5分ほどがいいでしょう。できるだけ多くの友達と話す時間を意図的に設けることで子ども同士のリレーションの再構築を図ります。

進め方

❶「自由研究を使ってクイズ大会をします。自分のやってきた自由研究の中から1人1問だけ問題を作りましょう」と投げかけて問題を作らせます。

❷ 子どもたちから出てきた問題をランダムに問題用紙にまとめます。

❸ 問題用紙を子どもたちに配付して「これからクイズに答えます。ただし自分で答えを書いてはいけません。この問題はこの子ならわかるかなと思う友達に『お願い！　〇番の答え教えて』と言って答えを書いてもらいましょう」と自分では回答しないことを指示する。

❹「しかし、問題の後ろに名前がある人には訪ねてはいけません。なぜでしょうか？」と問題作成者には尋ねてはいけないことを子どもから気づかせてルールの徹底を図ります。

❺「わかる問題を尋ねられたときは快く回答してあげましょう。自分が尋ねられてわからないときは『ごめんなさい。わかりません』と言って断ります」のように尋ねられた場合の動きも伝えておきます。

❻「ただし2人で相談して答えが出そうなときは、思いっきり相談しましょう。そのときも答えを書くのは尋ねられた人です」ここがポイントです。子ども同士が会話を深めるきっかけを用意しておきます。

❼ 答えを書き終わって別れるときは、互いに「ありがとう！　2学期もよろしく！」と言って

固い握手をして別れます。

❽教室を移動しながら，たくさんの人に訪ねて回ります。

❾制限時間がきたら，途中でも席に戻ります。そして問題作成者に答えを発表してもらいながら丸をしていきます。

❿最後に「〇問正解の人！」と順に手を挙げさせながら全員で拍手をして終わります。

[アレンジ]

●自由研究に限らず，国語の漢字や社会科，算数，理科の基礎的な内容などいろいろな場面で実施できます。

●問題を友達に作ってもらうことで友達の作品をよく見るようになったり，研究の方法や内容を話し合うようになったりします。

●高学年向けのゲームですが，問題の内容を低学年向けにすることで1年生でも実施できます。人間関係が未成熟の段階では，偏った友達ばかりに尋ねたり，答えを間違えたときに口論が起こったりすることがあるので注意が必要です。

🌷 雰囲気づくりのポイント

●クラスの人数にもよりますが，問題数が多いと時間がかかりすぎて間延びしやすいので1枚10問ほどがよいでしょう。そうすれば自由研究を掲示している間に複数回実施することができます。

●誰が作った問題かわかるように問いには（〇〇君）のように記名をしておきます。

●1人になる子どもがいないように「尋ねていいのは1人に1回のみ。できるだけ多くの人から聞く」というルールを設定します。

●正答率よりも回答率を見ます。回答率が高い子は，それだけ多くの友達と会話したことになります。教師は活動中の子どもを観察して，どれだけの友達とかかわりをもとうとしているのかを見ておきます。かかわりの薄い子どもに教師はかかわりましょう。

●移動中は問題用紙を半分に折っておくことで友達に見られる心配も少なくなり安心して移動することができます。

エピソード　このクイズ大会をやった次の日に多くの子どもが自主学習ノートに友達の自由研究の分析をやってきました。その中のコメントに「〇〇君の自由研究を始めるきっかけになったテレビを僕も見ていたのに同じことを思わなかった。僕もいつも『はてな？』と思えるようになります」と興味をもつきっかけについてのことや「やっぱりみんなの考えていることって面白い。みんな大好き！」など，それぞれの思いを書き綴っていた。

〈岡田広示〉

つなげてキーワード（学級目標編）

- 対象学年（時期）：5・6年生（2学期開き）
- 時間：10分
- 準備物：キーワード付きのはがき

ねらい 1学期に決めた学級目標を，子どもたちが2学期初めに再確認し，自分たちが目指すゴール，具体像を確認し，意識化する

アクティビティの概要

　夏休み明けの子どもたちは，学級生活から1ヵ月以上も離れていたので，様々なことが曖昧になっている可能性があります。まず，確認するべきなのは，自分たちが目指すゴールである「学級目標」ではないかと考えます。

　夏休み中に送ったはがきに，キーワードを書いておき，それを覚えてくるように伝えます。子どもたちがキーワードを1つずつ黒板に書くと，1学期に決めた「学級目標」が現れます。それを少しずつ消しながら，楽しくリズムよく暗唱を繰り返し，目指すゴールを再確認する中で，具体像を伝えながら意識化する機会を設定します。

進め方

❶「あなたのキーワードは，『な』です。夏休み明けに覚えてきてね。全員のキーワードを並べると何かがわかるかも…」と暑中見舞い（残暑見舞い）に書いておきます。すると，夏休み明け初日，朝から友達同士で，どんな文章になるかの予想が始まっています。

　ポイント 郵送できない子どもがいる場合は，教室の机の中に入れておく方法もあります。

❷「暑中見舞い（残暑見舞い）に書いてあるキーワードを覚えていますか。一人一人，黒板に書きましょう」と指示します（ネームプレートを貼って，場所を指定する）。予想通りと言わんばかりに，子どもたちも「やっぱりね」と盛り上がります。

❸「全員のキーワードを並べると，1学期に決めた学級目標になりました。これは，目指すゴールですね。みんなで読んでみましょう」と音読するように指示します。夏休み中に，曖昧になってしまっている場合があるので，最初は，全文が確認できるようにします。

❹「元気よく読めましたね。では，部分ごとに少しずつ消していきます。文章を見なくても言えるかな。最後には，何も見なくても言えるようになっているといいですね」と挑戦意欲が高まるように促します。子どもたちは，「楽勝だよ」などとやる気満々です。

❺「まず，○○○の部分を消します。それでは，読んでみましょう」と指示します。既に，黒板を見ないようにしたり，目を瞑ったりして唱えている子どもがいるでしょう。「読めましたね。次は，○○○の部分を消します。それでは，読みましょう」と繰り返します。

[アレンジ]

消し方を工夫すれば，低，中学年にも応用できます。学級目標に限らず，大切なことを意識化するために，繰り返し音読する際に活用できるアイデアです。

❻「最後に，○○○の部分を消します。これで，全文が消えました。全員で，学級目標を言いましょう」と指示します。繰り返した分，自信をもって，暗唱する子どもたちの姿が見られます。「目指すゴール（学級目標）が，心の中で意識できましたね。バッチリ！」

❼「突然ですが，目指すゴール（学級目標）は何でしたか。全員で言ってみましょう」と，帰りの会などで確認するとともに，「どんな言葉，どんな行動が，目指すゴール（学級目標）に必要かを，心の中で想い浮かべましょう」と伝え，具体像を確認する機会を設定します。

 雰囲気づくりのポイント

● 子どもたちの実態によって，キーワードの割り振り方を工夫するといいです。名簿順に1文字ずつ割り振れば，子どもたちは気づきやすいです。ランダムに割り振れば，気づかないでしょう。気づくか，気づかないかのギリギリをねらうと盛り上がります。

● 少しずつ部分を消していくときに，できる限り繰り返しが多くなるように調整します。また，「○○○の部分を消しても大丈夫かな」や「バッチリ言えるんですね」など，担任が不安と期待を表すことによって，子どもたちの挑戦意欲が高まります。

● 一生懸命に暗唱できることを称賛するとともに，その姿が学級目標の中で，どのような部分につながるのかを，子どもたちに伝えます。2学期開きには，目指す具体像を子どもたちの姿から見つけ出し，伝えることが効果的です。

エピソード　アクティビティを実施すると，学級目標の「仲良く粘り強く学習できて，明るく元気で笑顔なクラス」を，子どもたちは自信をもって暗唱できました。そこで，「今，みなさんは，仲間と声を合わせて，粘り強く繰り返し暗唱していましたね。暗唱の声が明るく元気で，素敵でした」と伝えると，満足そうな笑顔が見られました。これをきっかけに，学級目標を意識しながら，2学期をスタートすることができました。

〈髙橋健一〉

33 学級の成長ものさし

- 対象学年（時期）：3年生以上（2学期じまい）
- 時間：3～5分
- 準備物：アンケートやふり返りノート，掲示物

 4月からの学級目標を自分たちがどれくらい達成したかを可視化し，内省する

アクティビティの概要

　学級目標が，4月に決めて終わりのままになっていませんか。この活動は，毎月，学級目標のふり返りを個人で行い，それをもとに学級で成長を確認し合う活動です。アンケート形式，ふり返りノートに書くなど方法はいくつかあります。

　例えば学級目標が「努力」であればそれに対し，自分がどれくらいできたかを点数で考えさせます。そして学級の平均得点を出します。その点数を学級の今月の達成度とします。「努力」「協力」「笑顔」といった項目別の点数を成長のものさしに位置づけ，年間を通して掲示します。

　毎月のふり返りを可視化することは子どもたちに内省を促します。また，達成度を出すことを継続することで学級目標に対する子どもの意識を高めることにつながります。

進め方

❶ 月末の帰りの会などで次のように話します。
「今月も今日で終わりですね。今月は，学級目標の『笑顔』と『尊敬』が自分でどれくらいできたでしょうか」

❷ ふり返りノートを準備しましょう（アンケートを作ってもよいでしょう）。
「今日のふり返りは，『今月の学級目標をふり返って』です。『笑顔』だと何点，その理由。『尊敬』だと何点，その理由を書きましょう」

❸ ふり返りを書いた日は，個人のふり返り得点を合計し，学級の平均得点を出します。

❹ 翌日，朝の会で次のように理由も含めて話します。
「昨日みなさんに学級目標のふり返りをしてもらいました。今月の『笑顔』の平均点は…82点でした。理由は，『みんなが笑顔で過ごせた』が多かったです。とても嬉しいです。『あまり話したことのない人とも遊べたから』という意見もありました」

❺ 「『尊敬』は，78点でした。『あおぞら班の集まりのとき，下学年に教えたから』『遠足で荷物を持ってあげた』など，高学年としての優しさがみられました。しかし，『廊下を走ってしまった』のように学校のルールを守れなかった面もあったようです」

ポイント よかった面と同時に今月はどんなことを意識するかのヒントになるような課題についても触れるとよいでしょう。

❻ ふり返りの日と平均得点の数字を入れた掲示物を作り,「今月の笑顔と尊敬は,ここですね」と学級の成長ものさしに貼ります(イラスト参照)。掲示し,いつも目にすることで達成度がわかり,次への意欲を高めます。

[アレンジ]

中学年や実態によっては,「努力」だけでなく,それに関する具体的な行為目標を示し,ふり返りをするとよいと思います。

❼ 学期末には,数枚貼られたふり返りを差しながら,「みなさんの成長ものさしです。今学期は「笑顔」が増えましたね」と子どもたちの成長を喜び,学期を締めくくりましょう。

雰囲気づくりのポイント

- 学級目標の達成度の点数を発表するときは,少し間合いを取り,もったいぶって発表すると子どもたちが集中します。
- 毎月,学級目標をふり返ることを習慣にし,なぜその点数を付けたのか,理由から子どもの努力や意識を知ることができます。いくつか紹介し,考えを共有するとともに,今月がんばることを決められるような具体的な行動例を示せるとよいでしょう。例えば「あおぞら班の集まりのとき,下学年に教えた」ことが「尊敬」につながると考えた子のように,どのような行動が学級目標達成につながるのかをイメージしやすくするよう,理由も紹介します。
- 毎月のふり返りを点数化し,掲示し続けていくと更新される掲示物が学級の成長ものさしとなります。ものさしでもグラフでも,毎月の学級の成長や歩みがわかる掲示を工夫したいものです。

> エピソード　学級目標のふり返りを掲示すると「おおっ,点数が高くなった」「〇月と同じだ」などの声が聞かれ,前月までとの比較が目に見えてできるところがよかったです。また,理由を発表することで,どんな言動が学級目標達成に必要なのかを共通理解できたことで「そういうことか!」と具体的な行動のイメージがつかめた子がいました。

〈近藤佳織〉

34 ナイスカード

■ 対象学年（時期）：5・6年生（2学期じまい）　■ 時間：20分　■ 準備物：カード

 ねらい 学級の友達との相互評価を通して，2学期の成長を実感する

♪ アクティビティの概要

　クラスの子どもの成長を一番知っているのは，いつも間近で見ている子どもたちです。2学期の間「自分ががんばったこと」「友達にしてもらって嬉しかったこと」「友達の輝いた姿を見て，自分の成長につながったこと」をカードに書き，クラスの友達と交流します。交流したものは1つにまとめ，作品にすることで，子どもたちは2学期の成長を実感するでしょう。

進め方

❶「みなさんは，2学期の間，どんなことをがんばり，そして成長したと思いますか？　今日は，友達とカードを交換しながら，2学期の成長を確かめてみようと思います」

❷「2学期にはどんな出来事がありましたか？　思いつくものを発表しましょう」と伝え，いくつか代表的な出来事や行事を子どもたちに発表させます。発表したものは，黒板に書くとよいでしょう。

❸「これから，テーマ別に友達にメッセージを書きます。書いたものは後で友達に渡します。読んだ人が自分のがんばりを実感できるように，なるべく詳しく書きましょう。配付したカードにすべて書けたら，新しいカードをもらって，さらに多くの友達にメッセージを書きましょう」と伝え，テーマ別に色分けしたカードを配付します。

> **ポイント** テーマ別にすると，なかなか思いつかない子どももいます。「書けるものから書いていくとよいよ」「同じ活動をしていた○○さんに相談してみたらどうですか？」「○○をがんばっていたと先生は思ったけれどどうですか？」など適宜声がけをしていくとよいでしょう。

❹「皆さん，カードにメッセージは書けましたか？　今から，カードを渡します。渡すときは，相手の顔を見ながらカードに書いてあることを伝えましょう。もらった人は，メッセージの感想を伝えましょう。カードをすべて渡し終えたら自分の席に座り，もらったカードを読んで待ちましょう。それでは始めてください」

ナイスカード

そうじのとき，ゴミ箱をどけて，すみずみまでぞうきんできれいにしていて，すごかったよ。私も○○さんみたいに，一生けん命がんばろうと思ったよ。

名前（　　　　　）

❺「友達からのカードを読み,自分は2学期,どんなところが成長したと思いますか? 感じたことを,今から配付するカードに書きましょう」
❻「友達とふり返ると,2学期の間,いろいろなことに取り組み,そしてがんばってきたことがわかりますね。冬休み明けの3学期も,がんばっていきましょうね」

[アレンジ]
　カードを貼り付ける台紙を用意し,もらったカードをまとめられるようにすると,さらに自分の成長を実感できるようになるでしょう。

 雰囲気づくりのポイント

- 「メッセージカードを1枚ももらえない」と,成長を実感することができないばかりか,心に大きな傷をおいます。「隣の席の友達へ」「生活班の友達へ」「一緒に行事を取り組んだ友達へ」などテーマを設定し,1人に3～4枚,必ずメッセージカードが届くようにしましょう。テーマ別に色分けすると,カラフルになり,楽しい雰囲気をつくることができます。
- 2学期の出来事を思い出す際,教師が思い出してほしい内容が子どもから発言されないことがあります。「先生,1つ思い出したのだけれどね…」と提案するように,紹介するといいでしょう。また,A4の大きさに写真をプリントアウトして子どもたちに提示したり,教師が一人一人に声がけをしたりして,子どもたちが具体的にカードに書けるようにすると,もらった子どもは2学期の成長を実感することができるでしょう。
- カードは個人ごとにまとめ,一度,教師が集めます。読む人によっては,誤解を与える表現になっているものや誤字などがあったら,書いた本人と相談して書き直すとよいでしょう。

エピソード　「運動会のとき,大きな声で友達を応援していて,すごいなと思ったよ」そう言いながらカードを渡されていたのは,いつも授業中落ち着きのないAさん。カードを受け取った途端,顔がパッと明るくなったのが今でも忘れることができません。

〈松下　崇〉

35 開運おみくじ

■対象学年（時期）：3年生以上（3学期開き）　■時間：7〜10分　■準備物：おみくじ

 新年のスタートにおみくじを引き，新年への意欲をもつ

アクティビティの概要

3学期初めの学級活動で行います。教師が作ったおみくじを3学期の初日に子どもたちが引きます。おみくじは，「中吉」「大吉」「超大吉」とよいものばかりを用意します。

本物のおみくじに似せて作り，「学業…励めば大きく伸びる」などのように書くとよいでしょう。大吉を引いて喜んでいた子どもも「やった。超大吉だ」の声に驚き，「見せて！」とかかわりが生まれます。会話も生まれ，新学期のスタートを盛り上げる活動です。

進め方

❶ 3学期の初日の学級活動の時間に行います。

❷「新年がスタートしました。今年はこんな年にしたい，こんなことをがんばりたいということはもう決めましたか」

❸「先生は，冬休みに初もうでに行きました。そこでおみくじを引きました」と言って引いてきたおみくじを結んだものを見せます。

❹「みなさんにも今年の運勢を占うものとしておみくじを用意してきました」
おみくじを入れた箱のふたを開けて見せます。

❺「これを引いて，今年の自分の運勢を知り，がんばりたいことを決めるヒントになったらいいなと思っています。」
どんな順番で引くか，子どもたちの意見をもとに決めます。

　ポイント 全員がおみくじを引き終わるまで開かないことを約束します。

❻ 子どもたちが全員おみくじを引き終えたら「それでは，おみくじを開いてみましょう」

❼ 教師は，自然な交流をニコニコしながら見守ります。交流が一通り終わったら，

❽「みなさん，おみくじの下の丸の中に何か言葉が書いてありませんか」

❾「実は，それをつなげるとあるメッセージが完成します」

❿「みんなで協力して、文章を完成させてください」

⓫子どもたちの交流を見守り、教師の願いを込めた（または学級目標に関連した）メッセージを確認して終わります。

[アレンジ]
メッセージの代わりに色別の番号を書いておき、引いた番号が1月の座席になるという仕掛けもできます。

 雰囲気づくりのポイント

- 本物のおみくじを参考にし、形式もできるだけ本物に似せて作ります。
- おみくじの運勢は、「中吉」「大吉」「超大吉」とどれを引いてもまずまずの運勢以上のものにします。「凶」を引いてしまい、新年早々がっかりしてやる気をなくすということのないようにするためです。
- おみくじの中身も本物と同じようにし、中でも子どもたちに関心の高い「学問」「願望」「友情」「健康」の4項目を作ります。
「学問…怠らず努力すれば　必ず伸びる」などごくあたりまえのことをさらりと書いておくと子どもは一瞬ハッとします。
- 「超大吉」にはオプションを付けます。「超大吉」のくじの中に印をつけておきます。全員が引いた後、「☆があった人？」と挙手させ、「その人は、給食のおかわり1回優先権獲得です」「♡があった人？」「その人は、昼休みのボール使用1回優先権獲得です」などと告げると盛り上がります。

エピソード　実際に行ってみると「超大吉だって！」と大いに盛り上がりました。また、自然におみくじを見せ合い、メッセージを完成させようと「なんていう文字だった？」と聞き、かかわりが見られました。ただ、「超大吉」のオプションがうらやましかったのか自分のくじが「大吉」だったとすねてしまった子どもがいました。オプションの中身を工夫するとよいでしょう。

【参考実践】
千葉の浅野英樹先生、埼玉の蜂谷太朗先生のご実践をアレンジしました。

〈近藤佳織〉

学級開きは始業式から始まっている

■ 対象学年（時期）：5・6年生（3学期開き）　■ 時間：10〜15分　■ 準備物：学級名簿

ねらい 子どもと教師の信頼関係を図るとともに，子どものやる気を喚起する

 アクティビティの概要

　始業式の最中に，担任する学級の子どものがんばりを見取ります。学級に戻ってから見取った内容を伝えることで，「教師の肯定的な目線」を開示し，1年間のゴールに向けて子どもと教師の信頼関係を確かなものにしたり，再構築を図ったりします。また，子どもが「3学期もがんばろう」とやる気をもてるような，学級のあたたかな雰囲気をゆるやかにつくります。

進め方

❶ 担任は，始業式中に担任している子どものよいところを見取ります。

　ポイント 始業式中によさを見取るときには，記録をしておくとよいでしょう。名簿を持参し，よいところを見つけたらメモしておきます。

❷ 学級に戻ったら，全員が着席し，静かになっていることを確認します。

❸ 「〇〇さん，校長先生の目をしっかり見ながら話を聞いていましたね。相手を大切にする姿勢が伝わってきました」

　ポイント 子どもの行動だけでなく，その行動の価値とセットで伝えます。

❹ 「〇〇さんは，体育館に向かうときに，列を乱さず歩こうと心がけていましたね。そして，それを友達にも促していました。よりよくしようという姿勢がすばらしいですね」

　ポイント 可能であればその姿を写真に撮っておき，教室に戻ってからそれを見せると，さらに説得力が増し効果的です。

❺ 「今紹介した人以外にも，がんばっていた人がいましたね。3学期のスタートから前向きに取り組める〇年〇組って，素敵だなと思います」

❻ 「みんなが見つけた友達のがんばりや，今日の始業式の感想を書きましょう」

❼ 子どもが見つけた友達のがんばりや，感想を伝え合う。

❽ 伝え合った後，「友達のがんばりに目を向けたり，よりよくなろうという姿勢で取り組んだりする〇年〇組のみんなに感動しました。3学期も，ゴールに向かってともに成長していきましょう」

［アレンジ］

●上記で取り上げた評価の内容は一例です。大切にしたい価値を取り上げるとよいでしょう。

- どの学期でも実践可能なアクティビティです。1学期であれば，サプライズにもなります。2学期であれば，事前にがんばりポイントを子どもに伝えておき，始業式後に評価することも可能です。3学期なので今回はあえて事前に伝えず，伝えなくとも自分（たち）で考えられているという成長の実感につなげる実践を紹介しました。
- 学級開きで全員を取り上げることができればよいのですが，難しいです。学級の実態によっては，子どもの名前は出さず，行為と価値だけを伝える方法でもよいでしょう。私の場合，3日〜1週間以内に全員のがんばりやよさを見つけ，朝の会や帰りの会で伝えたり，学級通信に掲載したりするようにしています。その際，名簿にどの子を取り上げたかをチェックしておき，確実に全員が取り上げられるように留意しています。

雰囲気づくりのポイント

- このアクティビティは，一見子どものがんばりを伝えているだけに感じられますが，教師が子どもを評価することで縦の関係をつくること，子ども同士でよさを伝え合うことで横の関係をつくることも意図しています。3学期に学級が荒れるケースもあります。1，2学期に関係ができていたとしても，再度丁寧に構築していくことが大切です。
- 「先生や友達は，がんばりを見てくれているんだ」というように，子どもがプラスの感情をもてるようにしたいものです。優しく語りかける，驚きを伝える，深く感心した雰囲気を出すなど，伝え方も大切です。先生自身のキャラクターに合った工夫をするとよいでしょう。

> **エピソード** 長期の休みの後は，指導したことや，つくってきた雰囲気を子どもたちは忘れがちです。また，休み中にそれぞれ変化が見られます。よいスタート切ることは，その後の関係づくりへのよい影響となります。関係や雰囲気の再構築としてこのアクティビティは有効でした。
>
> がんばりを伝えられた子どもたちは少し照れながらも嬉しそうにしていました。それだけでなく，教師や友達がプラスの行動に目を向けることを暗に示しているので，まわりの子どもたちのプラスの行動を促進することにつながりました。

〈三村直樹〉

37 桜の花，次年度への架け橋

- 対象学年（時期）：5・6年生（学級じまい）
- 時間：15〜20分
- 準備物：桜の木を描いた模造紙，桜の花カード

ねらい 1年間のがんばりや成長をふり返り，次年度への意欲を高める

アクティビティの概要

　学級の友達へのメッセージ，自分や友達の成長，次年度への思いなどを桜の花に一人一人が書き，クラス全員で1つの桜の木を作ります。1年間の成長の認知や友達からのプラスのメッセージが次のステージへのエネルギーとなります。さらに，次学年への思いを書くことで，新しいスタートに対する意欲喚起を図ります。1年間を気持ちよく閉めくくりつつ，さらに前を向いて進む気持ちを高めることをねらったアクティビティです。

進め方

❶ 全員が着席し，静かになっていることを確認します。桜の木を描いた模造紙を黒板に貼ります。

　ポイント このとき教師は，黙って貼ります。

❷ 「○年○組で過ごす最後の時間となりました。みんなで1年間をふり返りましょう。そして，前を向いて次の学年へ進んでいく気持ちを高める時間にしましょう」と活動の目的を伝えます。

❸ 「○月○日，○年○組はスタートしました。みなさん一人一人，それぞれのがんばりや成長がありました。たくさんの思い出もあると思います。クラスのみんなに伝えたいこともあるのではないでしょうか。自分や友達の成長をふり返り，友達へのメッセージや，来年度への思いを交流しましょう」

❹ 「1人ずつメッセージを伝え，伝え終わったら黒板に貼ってある桜の木に花を貼ってください。みんなで最後の思い出づくりです。○年○組だけの桜をつくりましょう」

❺ 子どもが1人ずつメッセージを伝え，貼っていきます。

　ポイント メッセージを伝え終わったら拍手をしたり，教師や子どもが短くコメントしたりすると雰囲気がよくなります。

❻ 全員が貼り終わった後「実は，先生は○年○組の一人一人にメッセージを書いてきました」と伝え，メッセージを書いた花を一人一人に手渡します。

❼ 「みんなで完成させた桜の花や先生からのメッセージを読んでいいですよ」

❽ 数分後，子どもの着席を促し，最後に先生からクラスみんなへのメッセージを語ります。

[アレンジ]
- 絵は桜でなくてもよいです。カードに書く内容も，先生の考えやクラスの実態に応じてアレンジするとよいでしょう。
- 子どもの関心を高めるために，修了式当日の朝，子どもが登校する前に桜の木を貼っておいてもよいでしょう。
- メッセージカードを事前に書いておく実践を紹介しましたが，時間に余裕があれば，その場で書いてもよいです。一人一人が真剣に書く時間が雰囲気づくりにつながります。
- 一人一人へのメッセージを学級通信に記載し保護者へ伝えるのもよいでしょう。

雰囲気づくりのポイント

- 写真や賞状など，学級の歴史となるものを模造紙の周りに貼っておくと，1年間の思い出や活動の積み上げが可視化され，より雰囲気が出ます。
- BGMを流しながら活動すると雰囲気がよくなります。思い出の曲や，しっとりとした曲がおすすめです。思い出の曲が明るすぎて雰囲気に合わない場合，その曲のオルゴールバージョンやピアノバージョンなどがあればそちらを準備するとよいでしょう。
- 子どもの関心を高めるため，メッセージの内容は，誰にも伝えないようにしておきましょう。
- 思い出話に花が咲きますが，一人一人のメッセージを大切にするために，学級の実態によって次の人の準備ができたら切り替えるなどのルールを事前に確認しておくとよいでしょう。

> エピソード　友達のメッセージ発表に対して「それ楽しかった〜！」「学習発表会の劇の後，○○ちゃん泣いてたよね〜」など，思い出に対する反応がありました。自虐ネタや友達のおもしろエピソードを話す子，思い出に涙する子もいました。担任からのメッセージには，子どもたちは驚いていました。みんなが静まりかえって読む姿が印象的でした。笑いあり，涙ありの学級じまいとなりました。友達とのよき思い出は，推進力となり，次年度以降へのエネルギーとなると思います。

〈三村直樹〉

38 千里の道も一歩から

■対象学年（時期）：5・6年生（学級じまい）　■時間：20分　■準備物：プリント

ねらい 1年間の学習の成果をまとめ，次年度への学習の意欲を高める

アクティビティの概要

　1年間，授業や宿題で使用したノートやワークシートなどを，一人一人が机の上に積み重ねます。1年間，学習したものが目の前に積み重なると，かなりの量になります。それまでの学習の量的な成果を目に見える形にすることで，子どもたちは自分の努力を捉えることができます。ノートやワークシートを見ながらそれまでどのように学習に取り組んだかふり返り，それを交流することで，子どもたちの次年度の学習意欲は高まります。

進め方

❶「今日はこれから，1年間の学習の成果を目の前に積み上げてみようと思います。みんなは1年間でどのくらい，ノートやワークシートを使って学習したと思いますか？　机の上に積み上げた高さを予想して手で表してみましょう」

❷「今から，この1年間で使ったノートやワークシートをみんなで配付しましょう。もらったノートやワークシートは，教科別，日付順にするとわかりやすくなります」と伝え，それまで保管したノートやワークシートを子どもたちと一緒に配付します。

❸配付が終わったら，「自分の予想と比べて，どうでしたか？　今から配付するプリントに，感じたことを書きましょう」と伝え，プリント（右図参照）を配付します。

　ポイント 何を，どの程度書かせるかは，子どもたちの実態やその場の様子を見ながら適宜，声がけしましょう。

❹「それでは，生活班の友達と感想を交流しましょう。1人ずつ感想を話していきます。生活班の友達が全員，感想を発表したら，席に座ります。他の班が終わるのを待っている間，生活班の友達とノートやワークシートを見ながら話をしていましょう。それでは全員，立ちましょう。感想の交流を始めてください」

❺「全班，感想の交流が終わりましたね。『千里の道も一歩から』という諺があります。この1年，一人一人が

一年間の学習の足あと

※このスペースに必要に応じて、自分でイラストを描いたり、友達からのメッセージを書きあったりするとよい。

感じたこと

名前（　　　　　）

日々,学習に取り組んだことは紛れもない事実です。これからも毎日の学習を続け,成長していけるといいですね」と,学習に取り組んできたことに価値があることを伝え,活動を終えます。

[アレンジ]

ノートやワークシートに穴をあけつづり紐でとじると,1冊の冊子になります。活動で書いた感想のプリントを表紙にすると,子どもたちはより達成感を感じるものになるでしょう。

雰囲気づくりのポイント

- 年度の初めに,「最後のページまで使ったノートは,3月に1つにまとめるので,先生に提出しましょう」と子どもたちに呼びかけておきます。ノートの提出をしそびれる子どものために,授業で使用したワークシートを教師がとっておき,適度な量が机の上に積み重なるようにするとよいでしょう。
- 子どもたちの様子や活動時間に合わせて「自由に立ち歩き,お互いの感想を伝え合う」「感想を記入したプリントに,お互いの学習への取り組みについてメッセージを交換する」など感想の交流の形を変えると,子どもたちはより達成感を感じるでしょう。
- このアクティビティをすると,他の友達と高さを比べて劣等感を感じる子どももいます。「短い言葉でしっかりと説明できていますね」「丁寧な字で書くことができていますね」など,ノートの高さ(量)以外にも,書いてある内容(質)やそのときがんばった気持ち(学習への姿勢)にも目が向くように声をかけ,次年度への学習への意欲となるようにしましょう。

> エピソード　子どもたちはノートやワークシートを手に取ると,「おお,これ懐かしい」「なんか5月に書いた字が子どもっぽい」と口々に感想をつぶやいていました。普段,学習に対して苦手意識がある子どもも,嬉しそうな顔でそれらを眺めていたのが印象的でした。

〈松下　崇〉

39 夢コラージュ

■対象学年（時期）：6年生（卒業式当日）　■時間：45分　■準備物：モニターなどの大型投影機

ねらい　将来，就きたい職業ややりたいことの写真を用いた活動で，夢を実現させる喜びを味わわせ，具体的イメージや未来への希望をもたせる

アクティビティの概要

　卒業を間近に控えた6年生に将来の夢ややってみたいことを出させ，それに近い写真に本人の顔写真をコラージュすることで未来への希望をもたせることをねらっています。はじめに「将来なりたいものややってみたいことはありませんか？　自分でもよくわからなければ『あこがれていること』でも構いません。夢でもいいから思い切って言葉にしてみましょう」と投げかけます。このときに，どうしても見つからない子どもがいる場合には，友達と相談させたり，保護者に活動の趣旨を伝え家庭で聞いてもらったりしてイメージをもたせましょう。

　次に，自分の選んだ職業ややってみたいことに関係する写真や画像を探させます。そして，イメージに合うものを見つけたら，その中で活躍しているような顔写真を子どもに撮影させます。最後に，イメージに合う画像に顔写真をコラージュして完成です。それを卒業式の近辺でクラスの友達の前で発表します。卒業式の日にはプリントアウトしたものを教室に飾ると未来への夢実現宣言にもなります。

進め方

❶「みなさんの将来の夢は何ですか？　○○でしょうか？　それとも△△かな？　夢を実現させることは難しいと思っている人もいるかもしれませんが，自分次第で，必ず実現します」と言って，子どもたちに夢やなりたいものを出させます。そして「卒業記念に一足先に夢を実現させちゃいましょう」とコラージュによる写真作成を伝えます。

❷「自分のイメージに合う写真や画像を見つけてきましょう」と雑誌やインターネットなどから素材となるものを探させます。ちょうどぴったりの写真や画像を探すのは意外と難しく，探す期間は1週間ほど必要です。

❸素材が見つかったら，土台となる写真を普通紙でカラー印刷します。光沢紙だとコラージュする顔写真との色合いを出しにくく不自然になるからです。

❹土台となる写真に合わせて子どもの顔写真を撮影します。光や影の具合を合わせるために屋外で撮影するときは午前，午後など太陽の当たり方を考慮しましょう。

❺撮影した顔写真を土台の写真にコラージュします。パソコン上でする場合はいろいろな画像加工ソフトがありますがWindowsのペイントが子どもにも使いやすく簡単です。もちろん

実際にハサミで切り取って貼り付けてもかまいません。その場合は仕上げにパウチをかけると，とてもきれいに仕上がります。

❻ 出来上がった写真を飾り夢について語ったり，夢の実現を宣言したり，子どもたちに未来を覗かせましょう。

[アレンジ]

● 6年生の社会科で歴史上の人物の写真，肖像画にコラージュさせ歴史新聞等を作ると，歴史上の人物になりきって作成することができます。

● 友達同士やグループで作成することでプロ野球やプロサッカーチームなど複数人で構成される写真にも対応できます。

● 20代，30代のころ60代，70代のころをイメージさせて未来予想図的に作成することも可能です。これをアルバム風に1冊の本にすると面白いものが出来上がります。

● 出来上がった写真をもとに自分の活躍を未来新聞として作ると，より具体的な姿をイメージすることができます。もちろん絵日記風にするのも一味違って面白くなります。

🌷 雰囲気づくりのポイント

このアクティビティは，夢のある子どもには夢を可視化して未来への促進力を加え，夢を語りにくい子どもには，夢を具体化して「自信をもって夢を語っていいんだ」と未来への促進力と自己肯定観を高めることが目的です。卒業式に向けて6年生を送る会で映像を投影したり，廊下に掲示したりして発信します。このときのポイントは見る側の子どもの態度です。「人の夢を決して笑わない」「『絶対に無理だ』と否定するような言葉をかけない」というルールを徹底させておかなければなりません。夢を語るというのは自分の人生を語ることと同じです。それを表現することを「どう受け止めるのか」学級風土を問われるアクティビティでもあります。

エピソード 卒業式当日まで「夢コラージュ」の作品を教室に掲示していました。それを見ながら子どもたちが「私の作ったケーキも○○さんの雑貨屋さんで売ってね」「おれたちが同じチームでサッカーするからチームドクターよろしく」など，お互いの夢を認め合いながら，「そのときもつながっていよう」とメッセージを送り合っている姿がありました。保護者からも「こんな夢をもっていたなんて知らなかった」「『無理かな？』と思っていても写真で見ると応援したくなる」と嬉しい言葉をもらいました。子どもにとって小学校の6年間はとても長いものです。その中で生まれ育まれた夢の中に自分がいる写真を客観的に見ることで，前思春期を迎え自己葛藤が始まっている自己を肯定し目標に向かって歩む素晴らしさを伝えられます。

〈岡田広示〉

キャラメルが溶けるまで

■対象学年（時期）：6年生（卒業式当日） ■時間：10分 ■準備物：特別なキャラメル

 小学校生活の思い出に安住せず，中学校生活への期待や不安と向き合い，未来を前向きに生きようとする意欲を高める

アクティビティの概要

　卒業式が終わり，教室で担任の最後の話を聞いているとき，子どもたちは小学校生活の楽しかったことや苦しかったことを思い出し，自然と涙するという場合も少なくありません。それは，保護者の方たちも一緒で，しんみりとした雰囲気になりがちです。私は，子どもたちに伝えきれない思いを込めた手紙と「特別なキャラメル」を渡すことにしています。

　この「特別なキャラメル」は，春休み中に中学校生活への期待や不安と向き合う中で，小学校生活の思い出が恋しくなったときに舐めます。キャラメルが口の中に残っている間だけは，思い出に浸る時間とし，キャラメルが溶けたならば，中学校生活という未来を前向きに生きていく節目を演出する役割をもちます。

進め方

❶「卒業式，本当に立派な姿でした。在校生にとって，みなさんの姿は，大きな憧れになったと思います」と伝え，卒業式でのがんばりを労います。具体的な姿を示してもいいと思いますが，一緒に過ごしてきた日々の積み重ねで，語らずとも伝わる状態になっていると思います。子どもたちと担任とが通じ合っている状態だからこそ，この実践をする意味があります。

❷「目を閉じてください。そして，4月から始まる中学校生活を想像してみましょう。（20秒くらいの間をとって）楽しみなことも少し不安なこともあるのではないでしょうか」と伝え，中学校生活への期待と不安を想起する機会を設けます。

❸「今日で，この○○小を卒業するみなさんに，私から渡したいものがあります。ぜひ，受け取ってください」と言い，手紙と「特別なキャラメル」を，一人一人に手渡します。「手紙は家に帰ってから，ゆっくりと読んでください」と伝えます。

❹「4月から中学生になるみなさんには，たくさんの楽しいことや苦しいことが待っていると思います。中学校という1つの小さな社会の一員として，責任をもち，活躍していってほしいです。もう小学生に戻ることはできないのですから」と，担任の期待を伝えます。

❺「でも，どうしても，どうしても小学校生活の思い出が恋しくなってしまうときが来たら，この『特別なキャラメル』をなめてください。口の中にキャラメルがある間は，少しの間だけ，小学校生活の思い出に浸ってもいいです。でも，口の中のキャラメルが溶けてなくなっ

たら，もう過去はふり返らず，前を向いて中学校生活をがんばっていってほしいです。みなさんに心から感謝です。本当にありがとう。そして，ご卒業おめでとう」と，「特別なキャラメル」のもつ意味を伝えます。

[アレンジ]

キャラメルの他に，飴でも代用ができます。私は，ブルーベリーの飴を準備したことがありました。理由として，ブルーベリーの花言葉が「実りのある人生」であり，子どもたちの門出に贈る言葉として適していると判断したからです。

 雰囲気づくりのポイント

● 小学校を卒業することは，「小学校の思い出に安住することなく，中学校生活という未来を前向きに生きること」と，子どもたちが捉え納得するためには，3月の卒業を見据えて，自治的な姿勢について，担任が常に伝えてきたかどうかが問われます。
● 小学校生活最後の担任の話です。子どもたちと会話のやりとりを無理にしなくてもいいと思います。一方的に伝える場面になったとしても，子どもたちは心の中で担任の言葉に反応し，考えを巡らせているはずです。
● きっと，教室の後ろには，保護者の方たちがいるのではないでしょうか。保護者にとっても最後の担任からの話です。私は，自分の至らなさについても伝え，保護者の方たちから支えていただいたことへの感謝を伝えることもあります。

> **エピソード** 卒業式当日，小学校生活最後の1日です。今までに卒業担任を3回したことがありますが，どの代の卒業生たちも学校の顔として，最高の姿を表してくれました。最後の担任の話のときには，小学校生活からの卒業を強調するわけですが，「特別なキャラメル」の意味を伝えたときに，子どもたちが「中学校に行ってからもがんばろう」という意欲に満ちた表情になりました。
> 「キャラメルをなめずに，ずっと冷蔵庫に入れて取ってあります」と，中学生になってから遊びに来た子どもが教えてくれたこともありました。子どもたちに今，目の前のことを大切に生きて欲しいという担任の願いが伝わっていたように思いました。

【参考実践】
初めて卒業生を送るときに，赤坂真二先生から教えていただいた実践をアレンジしました。

〈髙橋健一〉

第 **4** 章 中学校の学級開き&学級じまいアクティビティ

41 みんなで「はいっ！」

☐ 対象学年（時期）：１年生（入学式当日）　☐ 時間：15分〜　☐ 準備物：なし

ねらい 返事をそろえる活動を通して，「みんなでできた」という達成感をもたせる

🎵 アクティビティの概要

入学式直後の学級活動に行う，集団行動練習です。入学式での話を聞く態度や返事の仕方などをほめた後に行います。やることは簡単です。

「一斉に返事をして，立つ」それだけです。

中学校への登校初日から，「集団としてのよさ」をほめる機会をつくります。最初はばらばら。適切な短い指導で，次第にみんながそろっていく。「みんなでできた」という感覚をもたせることで，新しい集団への愛着を感じさせ，翌日からの登校に意欲をもたせます。

進め方

❶式の中での呼名に対する返事のすばらしさをほめます。
❷全員で返事を合わせます。「はい」→　最初はばらばらになります。
❸「はい」の言い方を指導します。
　「はい」と板書し，「っ」を書き加えます。こうすることで返事が間延びしなくなります。
❹全員の声がそろうまで繰り返し練習します。
❺起立練習
　返事→右手でイスを引く→イスの左側に出る→イスを机に入れる→イスの後ろに立つ
❻動きがそろうまで練習します。
❼みんなで出来たことを，教師自身が一番喜んで，全員で拍手。
　初日に「みんなで出来た」という感覚をもたせるための活動ですが，実は今後の学校生活の必要な行動様式のしつけでもあります。卒業してきた小学校ごとに行動様式に若干の差があるものです。それを「返事」と「起立とイスのしまい方」の2点において統一します。

雰囲気づくりのポイント

●モチベーションを高めさせる

　小学校の卒業式を終えて間もない彼らです。個々の返事はとても上手でしょう。ですから，この活動へのモチベーションを次のように鼓舞します。

　「みなさん，入学式での呼名。緊張しましたか？　さすがは立派に小学校を卒業してきたみなさんです。すばらしい返事でした。先生，感激しましたよ。その力をもう1つレベルの高いところで出してみない？　全員が『はいっ！』と返事をして，立つのです。私は何度も中学1年生を担任しましたが，初日にこれが全員ピタリと合った学級は一度もなかった。挑戦してみる？」

　挑戦しないわけはありません。こうして子どもたちの意欲を引き出します。

●やる以上は絶対に成功させる

　成功させるには，的確な指示が不可欠です。「返事」「起立」という動作を何段階にも細分化して教えます。指示し，取り組ませ，端的に評価して，励まし続けます。2つの動作の指導が難しければ，「返事」だけに焦点を当てて，「みんなで返事」にしてもよいでしょう。子どもに惨めな思いをさせるわけにはいきません。やる以上は絶対に成功させます。

●教師が大喜びする

　この活動の一番の目的は，「教師の指示に従わせる」ことではありません。1つのことができる度に教師が満面の笑みで大喜びする姿を見せて「この先生は自分たちのがんばりを一緒に喜んでくれる人なんだ」と認知させるのです。出会いの初日に教師への安心感をもたせることをねらいます。入学式後ですから，保護者も教室の後ろにいることが多いです。「笑顔で，指示が端的で，子どもたちの課題達成を喜ぶ担任」だと認知してもらえれば成功といえます。

●時間をつくる（大事な連絡は文字にして配付＋話して確認）

　入学式初日には提出物とその提出期限の確認など，やらなくてはならないことがたくさんあります。学級便りにそれらを明記するなどして，活動の時間を捻出します。

エピソード　「返事をそろえる」という行動が統一されると，教師の指示や呼びかけに対してだけでなく，リーダー生徒の呼びかけに対しても，返事ができる集団になることが多いです。リーダー生徒の「～しましょう」という声に対して，無反応な集団よりもみんなが「はい」と返事ができる集団になっていきます。返事には，集団の行動や活動を明るい雰囲気にして，前進させる効果があるのです。

〈岡田敏哉〉

42 ビンゴクイズ de 担任紹介

■ 対象学年（時期）：1年生（入学式当日）　■ 時間：15分　■ 準備物：ビンゴクイズ用紙

ねらい ビンゴクイズを楽しみ，緊張の1日を明るい雰囲気で締めくくる

アクティビティの概要

　1年生を担任する先生にとって，入学式はとても慌ただしい1日。特に入学式直後の学活では，新しい教科書，プリントの配付，翌日からの予定の連絡など，やること満載!! そんな中，ついつい担任が一方的に話や説明をして，限られた時間が終わってしまった！なんてことも…。しかし，新入生にとって，入学式は緊張の連続。不安なことでいっぱいの1日。そんな日だからこそ，新入生がホッと安心できるような時間をつくりたいものです。また，この時期まずは，担任と生徒とのかかわりを大切にしたいところです。

　そこで，「ビンゴクイズ de 担任紹介」という活動をお勧めします。担任についてのイエス・ノークイズ（9マスで出題）の答えを予想し，その答えを解答していくというものです。保護者，生徒，担任が一緒になってビンゴクイズを楽しみ，明るい雰囲気で出会いの1日を締めくくるというのはいかがですか。

進め方

❶「新しい教科書，配ったプリントはカバン（机の中）にしまいましたか？ 筆記用具はこれから使います」と言って机の上は筆記用具だけになっていることを確認します。

　　ポイント 学活の初めの自己紹介は名前だけにしておきます。また，活動を始める前に教科書の配付，連絡など，やるべきことを終えておくといいです。

❷「みなさん，1日おつかれさまでした。とても緊張した1日だったのではないですか？ 残りの時間はビンゴで楽しみたいと思います。いいですか？（笑顔）」

[アレンジ]

　活動を説明する前に，黒板に9つのマスを書いて「ゲームで，よこ，たて，ななめがそろったら，なんて言うか知っていますか？」と言って生徒の発言を促すといいです。

❸あらかじめ用意したビンゴクイズ用紙を生徒，保護者に配付します。

100

[アレンジ]

学級便り風にしてあたたかみが感じられるデザインや内容にするとさらにいいです。

❹ 9つのクイズに「Yes」か「No」で解答するよう指示します。リーチやビンゴになったと
きは「ビンゴ！」と言ったり，挙手をするよう指示を出します。また，一度ビンゴになって
も最後まで続けるよう伝えます。

[アレンジ]

隣の生徒同士で答えの予想を見合わせ，交流を少し促すこともできます。

❺ エピソードを交えながらクイズの解答を発表します。

ポイント エピソードを話しながら，「先生と同じように○○が好きな人いますか？」など，時々，全
体に質問を投げかけて反応を促すといいです。

❻「いくつビンゴになりましたか？」とたずねます。また，「全部ビンゴになった人は？」や
「○個だった人は？」「1つもビンゴにならなかった人は？」などと聞いて全員の反応を促し
ます。

🌷 雰囲気づくりのポイント

●生徒の反応を引き出すクイズを！

生徒の興味関心に合わせ，アニメやテレビ，インターネットなどの話題を取り上げたり，答
えに意外性をもたせたりして，反応を引き出す工夫をするといいでしょう。

●笑顔で安心感を！

発言や反応した生徒（場合によっては保護者）に，担任が笑顔で対応することが2つ目のポ
イントです。笑顔で目線を送ったり，うなずいたりして，安心感を与えたいものです。

●積極的なかかわり合いを！

教師が積極的に生徒とかかわろうとすることが3つ目のポイントです。時間がかかるのであ
れば，多くの生徒に話しかけてみたいところです

> **エピソード** 入学当初の中学1年生は，担任と積極的にかかわりをもとうとする生徒の
> 割合が高いと感じています。また，私も意識的に多くの生徒とかかわろうとしていました。
> 　休み時間や放課後に，教室や廊下でビンゴクイズの話題をきっかけに話しかけてくれる
> 生徒がいました。「先生，○○（テレビ番組）見てるんですね。私も見てますよ」と自分
> のことを話してくれたり，「4年も○○中学校にいるんですね。○○って人知ってます
> か？　私のお姉ちゃんですよ」「先生，○○のファンなのですね。私の父もファンだって
> 言ってました」と家族のことや家族との会話が垣間見られることもあります。

〈曽根原至〉

第4章　中学校の学級開き＆学級じまいアクティビティ **101**

43 分担あみだくじ

■ 対象学年（時期）：2・3年生（学級開き）　　■ 時間：15～20分
■ 準備物：板書，分担あみだくじ，学級名簿

 お互いの名前を覚え，コミュニケーションをとりやすい雰囲気をつくる

アクティビティの概要

　1学期初日の学活は，始業式・入学式の説明，教科書の配付など，やることが盛りだくさん。効率を重視し過ぎると，事務的なことをこなすだけで，あっという間に1時間が終わってしまいます。しかし，生徒たちにとっては，新しい仲間との大切な出会いの場面。前を向いて担任の話を聞くだけで終了…というのは避けたいところです。そこで，時間を取られがちな「提出物の回収」を，生徒同士のコミュニケーションの場として活用します。ちょっとだけ事前準備に時間を割いて，「雰囲気づくり」と「効率のよさ」を両立させてみませんか。

進め方

　事前の準備として，班隊形の組み方・班ごとの担当回収物を板書しておく。

❶ 活動の趣旨を語り，班隊形になるよう指示します。
　「提出物の回収をします。種類が多いので，席の近い人同士で協力して集めてほしいと思います。今日，学校に来てから，実はまだ誰とも話していない…という人もいるんじゃないかな。新しいクラスって，緊張しますよね。この時間に，近くの席の人と少しでもかかわって，緊張を和らげてもらえると嬉しいです。それでは，班隊形を組んでみましょうか。黒板を見て，机を合わせましょう」
　ポイント 活動の趣旨を丁寧に語り，生徒の緊張を和らげましょう。

❷ "分担あみだくじ"を配り，名前を書き合います。
　「各班に"分担あみだくじ"を配りました。まだ，下の部分を見てはいけませんよ」
　「上の枠に名前を書きます。今日は，自分の名前ではなく，隣の人の名前を書きます。班の中で出席番号が一番早い人は手を挙げてください。（挙手を確認）降ろしてください。手を挙げてくれた人の名前を，左隣の人が書きます。書けたら用紙を時計回りに回して，順番に名前を書いていきましょう。書きながら，班の人たちの名前を覚えられるといいですね」
　ポイント 進め方が理解できたかを確認してから，開始の声がけをしましょう。

❸ 下の部分をめくり，分担を確認します。
　「準備完了です。下の部分をめくって，『①回収分担』を見てください。自分のところに書いてある提出物を，班のメンバーから受け取りましょう」

❹集めた提出物を,担当班の席へ置きに行きます。
「受け取りましたか。では,黒板を見て,集めた提出物を担当班の席へ置きに行きましょう」
❺作業分担を確認します。
「各班,担当の提出物が集まりましたね。では,『②作業分担』を確認しましょう」
　ポイント 「並べ(男子分)」「名簿チェック(女子分)」のようにできるだけ細かく分担し,全員に役割が当たるようにしましょう。
❻協力して提出物を整理し,教卓へ運びます。
「並べる人と名簿チェックをする人は連携が必要ですね。移動したり,立って作業したりしても構いません。作業が終わったら,名簿と一緒に教卓へ運びましょう」
❼協力できていた姿を価値づけ,席を戻します。
「皆さんのおかげで,とてもスムーズに進みました。協力してくれてありがとう。班の仲間の名前は覚えられましたか? 昨年度違うクラスだった人同士も,笑顔で話している姿が見られて嬉しかったです。それでは,机を戻しましょう」

 雰囲気づくりのポイント

　あみだくじに名前を書いたり,全員に役割を与えたりすることで,生徒の自然なかかわり合いを促します。短時間で終わらせるために,板書や準備物をしっかりと整えておくこと,明確な指示を出すことが重要です。なお,通知表や家庭環境調査などの個人情報にかかわる提出物は,この活動では扱わずに,教師が直接回収するようにしましょう。

　エピソード　作業を共にすることでかかわりの必然性が生まれ,人見知りをしがちな生徒も自然と班の輪の中に入ることができていました。受け渡しの場面では,「ありがとう」と声をかけ合う姿も見られました。派手な活動ではありませんが,近隣の生徒とかかわれる状態になっておくことは,翌日からスタートする通常通りの学校生活に向けての安心感につながっているようでした。

〈黒田麻友美〉

44 「生徒ファースト」の個人面談

■対象学年（時期）：全学年（1学期じまい)　　■時間：30分〜　　■準備物：特になし

 ねらい　生徒一人一人が，自分のかけがえのなさを感じて夏休みを迎える

アクティビティの概要

　文字通り，生徒一人一人と面談をします。伝える内容は，表面的には「1学期の成長」であったり「夏休みの目標」であったり，一人一人の実態にあったものであったりするでしょう。しかし，どの生徒にも共通して，言外のメッセージとして伝えるのは，「君はかけがえのない大切な存在なんだ」という担任としての，いや，1人の大人としての思いです。夏休み前に，生徒一人一人に，一声でもいいから，直接声をかけるということが大切です。

進め方

❶「今日は，1人ずつ面談をします。面談をしていないときは，夏休みの宿題をするなり，暑中見舞いのはがきを書くために住所を聞くなりしていてください。おしゃべりをしていてもいいですよ。でも，自習をしている人のじゃまにならない程度の音量にしてね」と伝えて，出席番号順に前に出てくるように指示します。

　ポイント 個人的な声がけですから，他の生徒には聞こえないようにするのがいいと思います。だから，適度にざわざわするように「おしゃべりしていてもいいですよ」と指示を出します。

❷通知票などが手元にあればそれを渡し，簡単に本人の成長や課題について話をします。

　ポイント ここでは，お説教にならないように気をつけます。「君はかけがえのない存在だ」と伝えるのが目的ですから，深刻な話は向かないでしょう。生徒が笑顔になれるような，簡単だけれども，心のこもった声がけを心がけます。

❸教室内は，全生徒がリラックスできる状態を保つことを目指します。静かすぎもせず，うるさすぎもせずという状態です。

　ポイント「宿題をしている生徒のじゃまにならない程度におしゃべりしてもよい」というさじ加減が大切です。うるさすぎると不快に思う生徒がいますし，静かすぎると気詰まりに思う生徒がいるはずだからです。この指導は，1学期間をかけて，自習の時間なりに，繰り返し指導されてきていることが前提となります。注意するときは，穏やかに声をかけるようにします。

❹全員との面談が終わったら，以下のように短く夏休み中の注意を与え，学活を終えます。
「諸君，いよいよ夏休みだ。楽しみだね！　さて，先生から，みんなが夏休みにお世話になってはいけない場所を3つ示しておきます。それは，警察と，病院と，お寺さんです。警察

には，悪いことをしなければお世話になることがないからね。病院には，怪我をしたり病気になったりしなければお世話になることはないからね。お寺は…，お葬式をするところだから。ここにだけは，絶対にお世話になるようなことがないようにね。死ぬんじゃないぞ。自分を大切にするんだぞ。命を大切にするんだぞ」

[アレンジ]

3つの場所を示す前に，1年生であれば小学校の夏休みとの違い，2年生であればいよいよ部活動を引っ張る立場になること，3年生であれば受験生としてがんばれ！ということを，手短かに語っておくとよいでしょう。

ポイント 警察，病院に関しては，多少生徒とやりとりをしながら明るいトーンで話してもいいのですが，「お寺は…命を大切にするんだぞ」は，声のトーンを落とし，ゆっくりと，真剣に，生徒にしっかりと目線を送りながら語ります。この時間の勝負所は，ここです。

雰囲気づくりのポイント

　夏休み前最後の時間，三者懇談会も終わり，生徒たちは既に開放感に浸っています。その伸びやかな気分は大事にしつつも，節度ある教室の状態を保つことが，最後の語りを生徒の心に落とすポイントです。また，あえて，生徒に自由な時間を過ごさせることで，1学期間を経過したクラスの状態を見たり，個々の生徒の状態から，それぞれの生徒の夏休みの過ごし方を予想したりします。生徒の素の状態を観察することによって，語りの内容，緩急の付け方，教師の思いの表出の仕方など，微調整をする参考にします。

エピソード　生徒は，こちらが真剣に話をすれば，真剣に聞くものではないでしょうか。「死ぬ」という言葉は，学校空間の中では不適切な言葉だと思います。しかし，あえて，「死ぬんじゃないぞ」と，あからさまな，むき出しの教師の強い思い，というか祈りをさらけ出すことで，生徒は言葉を失って，ぴしっとした姿勢で話を聞いてくれました。思いは，伝わります。全員無事に2学期の始業式を迎えたいという願いを，ストレートに伝えたいものです。

〈海見　純〉

45　2学期大予想

■対象学年（時期）：全学年（2学期開き）　■時間：15分〜　■準備物：年間行事予定

ねらい　2学期の学校生活に明るい見通しをもつ

アクティビティの概要

「2学期こうなるだろう」「こうありたい」という見通しをもたせ，それを交流することで，2学期の学校生活が楽しくなりそうだという思いをもたせる活動です。目標や夢は言葉にしたり，文字にしたりして何度も確認する必要があります。さらに，自分以外の人に聞いてもらい肯定的なフィードバックを得ることで，実現に向けて行動する意欲が高まります。また，この活動は，夏休み明けに不安な気持ちで登校してきている生徒に対して，安心感を与えることも期待できます。

進め方

❶年間行事予定表を配付します。

❷体育祭，合唱祭などの節目となる日，そして2学期終業式までの日数を数えさせます。

❸活動を通して，大きく成長するチャンスがある学期であることを確認します。

「行事は勝った負けたで一喜一憂するよりも，活動を通しての皆さんの成長が重要です。2学期は成長のチャンスが至る所にあります。学級目標の実現に向けて，チャンスを逃さないようにしたいですね」

❹2学期にどのようなことが自分，学級に起こるか予想させます。

「目標や夢は言葉にして初めて実現への道が開けます。あなた方の成長もこうありたい，こうなっていたいと思うことから始まります。どんなことでもいいですから思いつくこと，やってみたいこと，こんなふうになったらいいなということをできるだけたくさん箇条書きしてみなさい」

　ポイント　実現可能かどうかは重要視しません。質より量を重要視します。書けない生徒がいる場合には，1つでも書けている生徒を指名し発表させるか，教師が例示します。

❺グループでお互いが書いたことを発表します。

「グループでそれぞれが書いたものを1つずつ順番に発表します。実現の可能性が高まるように，発表に対しては『そうなるよね，きっと』『絶対実現させたいね』などと肯定的な言葉を伝えましょう」

　ポイント　「それは難しいよ」などの声が聞こえたら，すぐに教師が介入します。

次のように語ります。

「ムリだと思うと絶対に実現しませんよ。今は実現できるかどうかを考えているのではありません。実現したらいいなということを出し合っているのです。だから，何を言ってもいいのです」

笑顔で，しかし毅然と語ることが重要です。自分たちの枠を自分たちで勝手に決めてしまっている状態を打破するためには教師の早い段階での介入が必要です。

❻ 最後に，1人1つ全体の前で発表させる。

ポイント 時間がなければ省略可能。後日学級通信で紹介するという方法もあります。

雰囲気づくりのポイント

とにかく楽しい雰囲気をつくることがポイントです。活動前に提出物を回収する場面があったとします。その際，忘れ物が多くあったとします。それでも，クドクドと叱ることはしません。「次の日に忘れないこと」や「次の日忘れた場合はどうするのか」などを確認して，「約束したよ」と教師が笑顔で対応します。また，学級目標と関連付けて語ることも重要です。

「2学期は，体育祭，合唱祭，などの行事があります。これらの活動を通して皆さん自身が成長を実感することが重要です。学級目標の達成を目指して，皆さんはこの2学期の終わりにどのような姿になっていたいですか。クラスはどうなっていたらよいと思いますか。これから，2学期大予想大会を始めます」

エピソード なかなか予想が書けない生徒がいたので，書けている生徒を指名して発表させました。

「○○さん，書いたものを1つ発表してください」
「全員が大きく成長するから，先生がパーティーを許可してくれるだろう」（笑）
「なるほど。それでも口に出さないと実現しませんからね。皆さんも，こういう内容でいいのです。本当に実現するかしないかは関係ないですからね」（笑）

〈渡部智和〉

46 トランプゲーム de 全員参加

■ 対象学年（時期）：全学年（2学期じまい）　■ 時間：20分〜　■ 準備物：トランプ（班の数）

ねらい トランプゲームを学級で行うことで、みんなで楽しむ雰囲気をつくる

アクティビティの概要

2学期、多くの中学校では、体育祭、音楽祭や文化祭など、学級の団結力を発揮する学校行事が目白押しです。しかし、それらが終わった2学期末、学級のみんなで何かをするという雰囲気が極端に少なくなる中学校も多いと思います。3年生は、卒業後の進路決定のために1人でシビアな時間に向き合うことが多くなります。また、1，2年生の中にも、学習や友人関係で思うようにいかず元気のない生徒も…。自分の学級、最近ちょっと暗いなってことも。

そこで、どのような学級でも、みんなで楽しめる「トランプゲーム de 全員参加」はいかがですか。やり方は簡単。「ババ抜き」を生活班単位で行うというシンプルなものです。「学級で一番強い人（弱い人）を決めるのはどう」や「順位の合計で班対抗戦にしよう」などのテーマを設定すると、学級のみんなで楽しむ雰囲気をつくることが期待できます。

進め方

❶「今日はちょっと時間が余ったので、みんなでトランプをしませんか？　昼休みに仲の良い人たちとトランプをやることはあっても、学級のみんなでやったことはないでしょ？　今日は学級のみんなでやりたいと思うのですが、どうですか？　せっかくの機会だからババ抜きの最強を決定しましょう」と提案し、同意を得ます。

　ポイント 学級活動の一コマを計画する段階で時間が余るようにしておくといいでしょう。

❷ 流れを提示します。
1. 班で予選（順位決定戦）を行う。
2. 班の中での順位を確認する。
3. 順位ごとに集まる。
4. 順位ごとに分かれて決勝リーグ戦を行う。
5. 結果を全体で発表する。

　ポイント 時間効率化のため、あらかじめ用紙に流れを書いておきます。

［アレンジ］

班対抗にする場合は4と5の間に以下の流れを加えます。

- 班に戻り、結果を集計する。

❸班で予選（順位決定戦）を行うよう指示します。
❹班の中での順位を挙手などで確認します。
❺順位ごとに集まる場所を指定し，移動を指示します。
❻順位ごとに分かれて決勝リーグ戦を行うよう指示します。
❼結果を確認します。

［アレンジ］
　学級の全体で共有します。班対抗の場合は順位の合計が少ない班が勝ちとします。

雰囲気づくりのポイント

●担任も一緒に！
　担任も一緒に参加し楽しみましょう。ババ抜きですから担任も入りやすいと思います。入るグループはお任せしますが，予選最下位のグループに入ってプレーするのがおすすめです。なぜなら，学級で一番弱いプレーヤーになれるかもしれないからです（笑）。

●安心感を！
　2学期末，生徒たちの複雑な気持ちを汲み取り，最後にこう語ります。「3学期も忙しいけれど，こんなふうにちょっと息抜きできる時間とか，みんなで一緒に楽しめる時間をつくりたいね。3学期も楽しく過ごせるといいね」
　この時期，3年生は進路について不安に感じている生徒が多いです。そんな生徒たちに少しでも安心感を与えることのできるあたたかい声がけをしたいものです。

> ［エピソード］　ババ抜きは，誰もが知っているトランプゲームです。そのため準備やルール説明に時間がかからないというメリットがあります。また，輪番制をとるため，誰もが均等にゲームに参加することができます。さらに，話し合いなどをせずとも実施が可能で，控えめな生徒も安心して楽しめるゲームです。よって，元気のない生徒だったり，いつもはちょっと盛り上がりに欠ける学級でも，やってみると意外に盛り上がることが多いです。「ババ抜き最弱決定戦」を行ったときは，時間が足りなくなるくらい最下位グループの試合が白熱したこともありました。

〈曽根原至〉

47 新年の抱負回し読み

- 対象学年（時期）：全学年（3学期開き）
- 時間：10分〜
- 準備物：新年の抱負等の生徒の作文

 肯定的なコメントを書き合うことで，個人とクラスのやる気を高める

アクティビティの概要

　文字通り，生徒たちが書いた「新年の抱負」を回し読みし，お互いに簡単なコメントを交換し合うという活動です。新年を迎え，生徒たちは「今年はがんばるぞ！」という思いを抱いています。そして，なりたい自分像を素直に「新年の抱負」に書くものです。そういう一人一人の前向きな気持ちをみんなで共有することで，クラス全体を前向きな雰囲気にしていくことになります。

　クラスの仲間の相互理解を通しての人間関係づくりとしても有効なアクティビティです。

進め方

　この活動の肝になるのは，クラス全員の新年の抱負の作文がそろっているということです。新年の抱負を書いていない生徒は，この活動を行うことで，かえって疎外感を抱くことになる可能性があるからです。だから，新年の抱負の作文を全員が書いていることを確認しておくことが，活動に取り組む上での必須条件となります。

[アレンジ]

　もし，全員が書いてあるかどうかの確認が難しいというのであれば（あるいは書いていない生徒がいたというときには），朝の会等で10分ほど時間を取り，例えば「3月にこういう自分になっていたい，そのためにがんばること」などのお題を与え，全員に作文を書かせておきましょう。なかなか書けない生徒には，「1行でも2行でもいい，箇条書きでもいいから書こう」と励ましの言葉をかけます。私は，全員に「勝負の決意表明」ということで，新年の抱負を漢字一字に託して表現し，その理由を簡単に書かせたという年もありました。

❶「みなさん，聞いてください。僕，実は，今日，とっても感動しているんです。何でかわかりますか？　実は，みなさんが書いた『新年の抱負』を読んで感動しちゃったんです。だって，どの人も，何かしらがんばりたい，がんばろう，そしていい1年を過ごしたいっていう前向きな願いをもっていて，それがとっても素敵だなあと思って」

　ポイント 語りにあるように，まず，生徒の書いたものに教師が一通り目を通しておくことが大切です。

　そして，教師の感動を，素直に心から語ることが大切です。

❷「それで，この感動を独り占めするのはもったいないと思い，今日は，みなさんの書いた

『新年の抱負』を,お互いに読み合ってもらおうと思います。大丈夫です。先生はみんなの作文に目を通しましたが,おかしなことを書いている人はいませんでしたよ」

ポイント 自分の作文を読まれることに対して抵抗感のある生徒もいるので,どの生徒の作文もいいものだったから大丈夫だという励ましの言葉をかけ,活動への抵抗感を取り除きます

❸「4人班を作ります。班の中で回し読みをします。読んだら,必ずコメントを書いてあげてください。あなたのコメントを読んで,その人が前向きにがんばろうと思えるようなコメントを書いてくださいね。1分ごとに合図をします。読んで,色ペンでコメントを書くところまで1分でやります。1分たったら,作文を時計回りに回してください。はじめ」

ポイント 必ず,前向きなコメントを書くように伝えます。

🌷 雰囲気づくりのポイント

　生徒のがんばりたいという気持ちに,まずは教師が素直に感動することです。そうすることで,はじめの教師の語りに熱と力がこもります。この,教師自身が感動していること,生徒一人一人の考えを尊重しているという姿勢こそが,一番の雰囲気づくりのポイントになります。

　時間があれば,班での活動の後,班員以外の3人以上の人からコメントをもらうというような活動で交流を促すと,教室に活気が出てきます。もし,孤立しそうな生徒がいて心配ならば,最初から8人班とか10人班にして回し読みをすると,全員が多くの仲間からのコメントをもらうことができます。時間とクラスの実態を考え併せてアレンジしてください。

エピソード この活動をすると,「おお,〇〇,がんばれよ!」という直接の声がけもあったりします。また,肯定的なコメントが書かれた作文がかえってくると,生徒たちは一様に嬉しそうな顔をします。3学期,卒業や進級まで残り少ない時期だからこそ,真剣に自分の在り方や行く末を考えられるからこそ,仲間の肯定的なコメントが嬉しく感じられるのです。せっかく書く「新年の抱負」,しっかりと活用しましょう。

〈海見　純〉

48 4月○日の君へ

■対象学年（時期）：1・2年生（学級じまい）　■時間：15〜20分　■準備物：学級便り，封筒

ねらい 仲間との絆を築くことができた自身の力を自覚させ，新年度に臨む勇気をもたせる

アクティビティの概要

　学級便り最終号の裏面に，生徒同士でメッセージを書き合う活動です。次年度の始業式の連絡と一緒にしておくことで，登校準備をする際に，生徒の目に触れるように仕掛けます。1年間で，クラスの仲間たちと絆を築くことができた自分の力を自覚させ，「あなたは，次のクラスでも大丈夫！」と勇気づけることが目的です。

進め方

❶学級便りを配付します。
「1年間発行してきた学級便りも，これが最終号です。いつも読んでくれて，嬉しかったです。ありがとう。今日もいつも通り，音読させてもらいますね」

❷表面を読んだ後，裏面について説明します。
「裏面を見ましょう。次年度の始業式についての連絡です。日程や持ち物を説明するので，大事なところはチェックを付けましょう」

❸活動の準備をし，流れを説明します。
「それでは，下の部分を見てください。『4月○日の△△へ』とありますね。△△のところに，1年間学級の仲間から呼ばれた，自分の名前やニックネームを書きましょう」
「書けましたか。これで準備は完了です。何をするのか，もうわかった人もいますね。今から，お互いへのメッセージを書き合います」

❹留意点を説明します。
「次の2点を，頭に入れてください。1点目。次年度，皆さんはこのプリントを見ながら登校準備をすると思います。そのときに，新年度への不安が吹き飛ぶようなメッセージを書き合いましょう。2点目。できるだけたくさんの人とメッセージを交換してほしいなと思います。時間とスペースが限られているので，短い言葉にギュッと想いを込めましょうね」

❺終了時刻の確認をし，活動を開始します。
「時間は○分までです。自由に立ち歩いて構いません。それでは，始めましょう」

❻自席に戻るよう指示します。
「時間になりました。今書いているメッセージを最後にして，自席に戻りましょう」

❼「おまもり」と印字した封筒を配付し，活動の意図を語ります。
「このお便りは，『前のクラスはよかったなあ』と懐かしんでもらうために作ったものではありません。『これだけの仲間をつくることができた自分なら，次のクラスでも大丈夫！』という気持ちになってもらいたいと思って作りました。言わば，おまもりです。大切にしてもらえると嬉しいですが，新しいクラスの仲間の目に入ると，『前のクラスに戻りたいのかな』と心配をかけてしまうかもしれませんよね。そう思い，封筒を用意しました。もし，持ち歩きたいなという人がいたら，この封筒に入れるようにしてくださいね」

❽かかわりの様子を価値づけます。
「1年前，バラバラの状態からスタートした皆さんが，今日，男女もグループも関係なくメッセージを書き合っていたことが，本当に嬉しいです。この絆をずっと大切にしていけるといいですね。そして，次のクラスでも，たくさんの素敵な仲間をつくってくださいね」

雰囲気づくりのポイント

メッセージを書き合う際に担任のところへ来ることを防ぐ（生徒同士の交流に集中させる）ために，担任からのメッセージは予め枠内に書いておくとよいでしょう。一人一人に手書きのメッセージを用意できると喜ばれると思いますが，時間がない場合は，1枚だけ手書きしたものを印刷することで，パソコン文字よりもグッと温かみが増すと思います。

> エピソード　卒業アルバムにある「寄せ書きページ」をイメージした活動です。生徒同士のかかわり合いが自然に生まれるかが不安な場合は，"はじめに班内で書き合ってから，全体をフリーにする"というように，段階を踏みました。スペースが限られていることがプラスに働き，メッセージを書くのが苦手な生徒も，「サインだけでいい？（笑）」と言いながら楽しそうに参加する姿が見られました。

〈黒田麻友美〉

49 みんなに一言！

■ 対象学年（時期）：3年生（卒業式当日）　■ 時間：10分〜　■ 準備物：名簿

ねらい 級友全員と言葉や握手を交わすことでつながりを確認する

アクティビティの概要

　単純に「全員と言葉を交わす」だけの活動です。卒業時には全員が全員と自然に言葉を交わし合える関係になっているのが理想ですが，必ずしもそうでない場合もあります。そのため，教師は言葉を交わしたくなるような環境づくりをすることが重要です。卒業式は「別れの場」ですが，同時に「お互いを励まし合う場」でもあります。教師が語りたくなる気持ちをぐっとこらえて，主役である生徒に委ねます。教室を出れば，言葉を交わす機会もほとんどなくなる級友もいます。この活動は，一人一人が仲間との「つながり」を強く意識し，困ったときにはいつでも声をかけ合える存在であることを再確認することができます。

進め方

❶ ひらがなだけの名簿を配付します。
　「1年間共に過ごしてきた仲間です。何度も目にしてきた仲間の名前です。全員の名前を漢字で書くことはできますか。難しい。書けないという人がいた場合は，その人の方を笑顔でそっと向きなさい」
　ポイント 生徒を笑顔にする。そして，最後に仲間と話をしたいという思いをもたせます。

❷ 1年間の活動をふり返ります。
　ポイント お互いの取り組みの様子や成長の事実を教室内に可視化します。

❸ 全員と言葉を交わすことを告げます。
　「『がんばろうね』，『〇〇，すごくがんばったね』などと一言でもかまいません。目を見て言葉を交わしましょう。話が終わったら，握手で別れます。名簿を確認しながら，自分以外の全員と言葉を交わします。名前が書けそうにない人にはそっと聴いてくるのですよ」

❹ 時間は5分程度であることを確認します。
　（学級が30人の場合　1人あたり10秒×30人＝300秒となる）

❺ 教師が語って時間の目安を示します。
　「素晴らしい卒業式でした。合唱もこれまで聴いた中で一番の出来でした。みなさんを担任できて本当に誇りに思った時間でした」
　ポイント 実際に語りの練習をしておく。生徒におおよそ10秒のイメージをもたせる。教師の本気の思

いはこうした微細なところで伝わります。
❻ 全員と握手を交わしたら，席に戻るように指示します。
❼ 担任の感想を述べます。
「自分の周りにいる仲間が１つの教室に出会った確率は天文学的数字になります。性格的に合う仲間もそうでない仲間もいたとしても，この『つながり』がいつどこで生きるかわからないのです。いつかどこかでつながってくることを忘れないでください」

ポイント 教室全体を見渡して，ゆっくりと語ります。

雰囲気づくりのポイント

　当日だけ全員と言葉を交わすようにしても上手くいきません。日常の授業や特活等でかかわる相手を固定せず誰とでも本音で話すことができる人間関係づくりが必須です。当日はそうした土台の上に立って，再度仲間の大切さについて語ります。
「大勢の仲間の考えを聞いたり，意見を交流させたりしたからこそ，皆さんは成長できたわけです。この教室の中でも気の合わない人というのがいるでしょう。30人もいれば，それは自然なことです。皆さんは，仮に気が合わなかったとしても，協力すべきことは力を合わせ，見えなかった仲間のよさに気づこうとしてきました。そうやって成長してきたのです。この学級のメンバーで生活できるのは残り20分です。最後に全員と言葉を交わしましょう」

エピソード 漢字で書けるかどうか聞いたときに，数名の男子が「まずい，書けないかもしれない」と笑顔で声を上げました。卒業式を終えたばかりで緊張感のあった教室の空気が緩みました。私は「Ａさん，その人の方をそっと笑顔で向いてごらん」と言うと，Ａさんは笑顔で教室を見渡しました。「そんなに大勢いるんですか」と私が言うと教室が笑いに包まれました。その後の全員と言葉を交わす活動では笑顔で話す子，しんみりする子など表情は様々でした。

〈渡部智和〉

50 親の義務教育終了日

■ 対象学年（時期）：3年生（卒業式当日）　■ 時間：10分〜　■ 準備物：予備のイス

 親に感謝を伝えさせる

アクティビティの概要

　卒業式は子どもにとっての記念日であると同時に，保護者にとっても節目となる日です。「教育を受けさせる義務」の終了日でもあるのです。これまで育てていただいた感謝を伝え，ここまで大きく育ってくれたことに対する感謝を，お互いに動作で，言葉で伝え合う場面づくりです。面と向かって言いにくい「ありがとう」を，卒業式という非日常場面で演出します。

進め方

❶ 卒業生全員の保護者の出席を確認します。

❷ 卒業生の隣に保護者に立ってもらいます。

❸ 卒業生を起立させて，保護者に着席してもらいます。（両親がいる場合には補助いす用意）

❹ 親子で手をつないでもらいます。

❺ 生徒から親に感謝を動作で伝えます。「親に感謝している人は，強く強く手を握りなさい」

❻ 親から子へ感謝を動作で伝えます。「人生に喜びをくれた我が子に感謝している方は，強く手を握ってください」

❼ 子から親へ感謝を言葉で伝えます。「もう一度，親の手を強く握りなさい。そしてこれまで育ててくださったことに対して，きちんとお礼を言いなさい」

❽ 保護者に義務教育終了のねぎらいの言葉を伝えます。

❾ 高校は本来，親に頭を下げて進学させていただくステージであることを伝え，親に感謝と今後の決意を述べさせます。

　担任としての最後の授業です。日々の日常を「当たり前」と思うのではなく，「ありがとう」の言葉にしてきちんと伝えることの大切さを教えます。

雰囲気づくりのポイント

●絶対確認　すべての親が参加しているか

　卒業生全員の保護者が教室にいることが大前提です。1人でも欠けているなら，やらない方がいいでしょう。朝のうちに全員出席の確認が必要です。卒業式前から，学級便りで卒業式後の学活に参加していただけるように，何度もお願いしておくとよいでしょう。

●教室の環境づくり

　最近は両親で出席するご家庭が多いかもしれません。両親出席の場合は，予備のイスを用意しておくとよいです。卒業生が真ん中に立ち，保護者が両側に座るようにします。卒業式当日は，机の間隔をそれに備えて空けておきます。

●その気にさせる語り

　最初に手を握るとき，親子で緊張が走る場合もあるでしょう。思春期ど真ん中の我が子と手をつなぐなんて，かなり珍しいことです。こんな風に語りかけるのはどうでしょうか。

　「親子で手を握ってください（教室がざわつく）。久しぶりにお子さんの手を握られたのではないですか？　大きく育ちましたよね。昔はあんなに柔らかくて小さな手だったのに。

　卒業生，君たちは1人ではここまで育てなかったのです。すべては親のお陰。あなたたちが赤ん坊の頃，若かった親御さんたちは，夜泣きをすれば深夜でもあなたのおむつを変えて，ミルクを飲ませ，風邪をひいたといえば忙しい仕事をやりくりして，何度も病院に連れて行った。親の時間をたくさんもらって，今のあなたがある。もう半分大人のあなたたちです。親の気持ち，わかるよね。卒業式はあなたたちの巣立であると同時に，親が『教育を受けさせる義務を終える日』でもあるのです」

●卒業式までの仕掛け　親目線

　当日，卒業生が心を込めて「ありがとう」を親に言えるかどうかは，それまでの指導にかかってきます。中学3年生15歳。あと10年もすれば結婚し，親になる人もいます。そんな「親目線」の指導を日常から繰り返しておきます。「あなたが親になったらな…」「あなたの子どもにこれを教えた方がいい。だから今これをするんだ」と，「自分もいつか『親』になるんだ」という小さな自覚を育てておきます。これが当日の成功の種です。

> **エピソード**　卒業生にとっての卒業証書の意味が変わります。「自分だけのものではない」そんな感覚をもったと言った子がいました。また，保護者にとっては，我が子の成長を実感する効果が大きいようです。大泣きしてしまう方もいらっしゃいます。親子の歴史にちょっぴり足跡を残す卒業式。そんな在り方も素敵ではないでしょうか。

【参考文献】
『致知』2011年1月号　特集「盛衰の原理」　致知出版社

〈岡田敏哉〉

おわりに －学級経営の標準装備を－

　全国の多くの研修にかかわらせていただいて不思議でならないことがあります。学力向上の基盤は，学級経営だと多くの教師が認識しているにもかかわらず，授業改善は学校体制など組織的に取り組み，学級経営は先生方の個別の努力に任されていることです。これでは成果が上がるわけがありません。組織で取り組めば，当然，優先順が高まります。しかし，個別に取り組むと，どうしても後回しになります。どういうことが起こるかというと，校内研修などのやらねばならないことに先生方の時間と関心が取られ，子どもと触れ合ったり，子どもの相談にのったり，という子どもとの「関係強化の時間」が確保できなくなります。

　授業は，コミュニケーションでできています。また，人間関係もコミュニケーションによってつくられていきます。しがって，学校生活はコミュニケーションで出来ていると言っていいでしょう。子どもたちとのコミュニケーションが減っていくと，信頼関係が不十分な状態で授業実践が進むことになり，教師は子どもたちを育てることよりも，授業をこなすことに関心を向けるようになります。一方，子どもたちも学ぶことよりも，教師の言いなりになることでその時間を過ぎ去るのを待つことになります。それでも勉強が好きな子どもたちは，勉強そのものに楽しみを見出して勉強することがあるかもしれません。しかし，子どもは全員が勉強が好きな訳ではありません。教師のサポートや仲間とのかかわりが必要な子どもが一定数いるのです。勉強が得意ではない子どもは，周囲の人たちから認められ，受け入れられることで学習に対して動機づくのです。みなさんも苦手なことに取り組むときに，個人的な努力だけでそれを取り組むように要求されたら，やる気がなくなるであろうことはおわかりでしょう。そもそも学級経営の明確な理論と方法論をもっている人はそう多くありません。うまくいっている人たちも，経験則で勝負している場合がほとんどです。わからないことを１人でやれといわれてもやる気になるわけがありません。子どもたち一人一人が，主体的な学習者になるためには，学級経営がしっかりとなされることは必須の条件なのです。

　学級経営が，各学校のカリキュラムに標準装備されることを望みます。また，細かな授業方法を議論する前に，子どもの育ちや彼らの人生において本当に必要な力について議論するような教育文化の創造を願っています。今回も明治図書の木山麻衣子さんやスタッフの皆様のおかげで，本書のような書籍を発刊できることとなりました。本シリーズは，いずれも多くの読者の皆様に受け入れていただき，増刷を重ねています。学級経営を大事にする教育文化が広まり定着する兆しを感じています。これからもどうぞよろしくお願いいたします。最後になりましたが，木山さん，スタッフの皆様，そして珠玉の実践を寄せてくれた執筆者の皆様に心から感謝を申し上げます。

2018年1月

赤坂真二

【執筆者一覧】（執筆順）

赤坂　真二	上越教育大学教職大学院教授
橋本　　貴	大阪府岸和田市立浜小学校
三好　真史	大阪府堺市立鳳南小学校
江口　浩平	大阪府堺市立金岡南小学校
松岡　諭史	福井県坂井市立長畝小学校
深見　太一	愛知県豊田市立加納小学校
成田　翔哉	愛知県大府市立共和西小学校
鈴村真梨英	愛知県東海市立富木島小学校
徳永　峻二	鳥取県境港市立境小学校
梶川　大輔	鳥取県智頭町立智頭小学校
細川　順司	鳥取県鳥取市立面影小学校
志満津征子	鳥取県米子市立弓ヶ浜小学校
鈴木　優太	宮城県公立小学校
蜂谷　太朗	埼玉県川口市立柳崎小学校
浅野　英樹	千葉県船橋市立飯山満南小学校
湯澤　竜太	埼玉県川口市立安行東小学校
岡田　広示	兵庫県佐用町立三日月小学校
髙橋　健一	新潟県新潟市立白根小学校
近藤　佳織	新潟県小千谷市立総合支援学校
松下　　崇	神奈川県横浜市立川井小学校
三村　直樹	鳥取県米子市立啓成小学校
岡田　敏哉	新潟県上越市立城西中学校
曽根原　至	上越教育大学教職大学院
黒田麻友美	上越教育大学教職大学院
海見　　純	富山県東部教育事務所指導主事
渡部　智和	新潟県弥彦村教育委員会指導主事

【編著者紹介】

赤坂　真二（あかさか　しんじ）

1965年新潟県生まれ。上越教育大学教職大学院教授。学校心理士。「現場の教師を元気にしたい」と願い，研修や講演を実施して全国行脚。19年間の小学校勤務では，アドラー心理学的アプローチの学級経営に取り組み，子どものやる気と自信を高める学級づくりについて実践と研究を進めてきた。2008年4月から現所属。

【著　書】

『先生のためのアドラー心理学─勇気づけの学級づくり』（ほんの森出版，2010）

『教室に安心感をつくる』（ほんの森出版，2011）

『スペシャリスト直伝！　学級づくり成功の極意』（明治図書，2011）

『スペシャリスト直伝！　学級を最高のチームにする極意』（明治図書，2013）

『赤坂真二─エピソードで語る教師力の極意』（明治図書，2013）

『クラスを最高の雰囲気にする！目的別学級ゲーム＆ワーク50』（明治図書，2015）

『クラスを最高の雰囲気にする！目的別朝の会・帰りの会アクティビティ50』（明治図書，2016）

『スペシャリスト直伝！　成功する自治的集団を育てる学級づくりの極意』（明治図書，2016）

『クラスを最高の雰囲気にする！目的別学級＆授業アイスブレイク50』（明治図書，2017）

『スペシャリスト直伝！　主体性とやる気を引き出す学級づくりの極意』（明治図書，2017）

他多数

【本文イラスト】木村美穂

クラスを最高の雰囲気にする！
学年別学級開き＆学級じまいアクティビティ50
1年間の学期初め・学期末や入学式・卒業式当日にも使える！

2018年3月初版第1刷刊　Ⓒ編著者　赤　坂　真　二
発行者　藤　原　光　政
発行所　明治図書出版株式会社
http://www.meijitosho.co.jp
（企画）木山麻衣子（校正）大江文武
〒114-0023　東京都北区滝野川7-46-1
振替00160-5-151318　電話03(5907)6702
ご注文窓口　電話03(5907)6668

＊検印省略　　　　　組版所　株式会社ライラック

本書の無断コピーは，著作権・出版権にふれます。ご注意ください。

Printed in Japan　　ISBN978-4-18-168012-1
もれなくクーポンがもらえる！読者アンケートはこちらから →